表に返す

裏返った状態になっている布を、表面が外側になるようにひっくり返すこと。

ぬいしろを開く

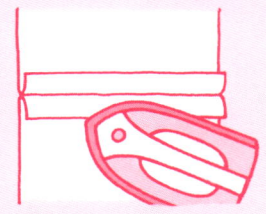

ぬい合わせた布の2枚のぬいしろをアイロンなどで両側に広げること。

三つ折りにする

布の切りはしがほつれないようにする方法の1つ。布のはしを2回折り、3枚重ねにする。

ジグザグミシン

布の切りはしがほつれないようにする方法の1つ。ミシンで布のはしをジグザグにぬう。

アイロン両面接着シート

2枚の布をはり合わせるときに使うシート。片面にはくり紙がついている。アイロンを使って、はり合わせる。

接着しん

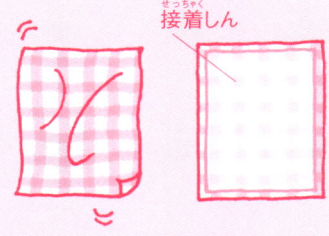

強度を上げ、形がくずれないようにするためのもの。表布に合う厚みや素材を選び、アイロンではる。シールタイプもある。

接着しんのつけ方

①布の裏面と、接着しんののりがついている面を合わせて、接着しんが上になるように置く。薄紙をのせて、のりがアイロンにつくのを防ぐ。
②アイロンはすべらせず、接着しんがずれないよう、おしつけるようにしてはっていく。

型紙の写し方（チャコペンを使う）

①

型紙をコピーする。必要があれば拡大して実際の大きさにする。

②

コピーしたものをはさみで切って型紙をつくり、布の上に置く。

③

型紙をまち針で留め、まわりをチャコペンでなぞり、型紙を外す。

線に沿って布を切る。

図案の写し方（チャコペーパーを使う）

①

図案をコピーする。必要があれば拡大して実際の大きさにする。

②

下から布、チャコペーパー、図案の順に置き、まち針で留める。

③

専用のペンやヘラ（えんぴつでも可）を使って、図案をなぞる。

④

図案とチャコペーパーを外す。

かんたん！かわいい！

手づくり デコ＆手芸

ファッション＆アクセサリー

かんたん！かわいい！手づくりデコ＆手芸

もくじ

手芸の基本1	道具と材料を知ろう ……… 4
手芸の基本2	使い方を覚えよう ……… 5
手芸の基本3	針と糸でぬってみよう …… 6
手芸の基本4	ミシンぬいを覚えよう …… 8

ファッション＆アクセサリー

P.10 アリスの大きなカチューシャ
難易度 ☆

P.12 キラキラちょうちょバレッタ
難易度 ☆

P.14 おとめチックシュシュ
難易度 ☆☆

P.17 簡単デコのおすましくつ下
難易度 ☆〜☆☆

P.20 ねこ耳つきロマンチックパーカー
難易度 ☆☆

P.22 心おどるドットデニムスカート
難易度 ☆☆

P.39
型紙・図案 グルーガンを使おう！

このマークのある作品では、ミシンを使ったつくり方をしょうかいします。ミシンがないときは、手ぬいでつくることもできます。

このマークのある作品では、指定されているページの型紙や図案を使います。必要なサイズにコピーして使ってください。

難易度を星の数で示しています。星の数が多いほど、難しい作品です。

P.24
お花のリース Tシャツ
難易度

P.26
スキップしたくなるうわばき
難易度

P.28
夢見るロゼットブローチ
難易度

P.30
ぷっくりかわいいてんとう虫リング
難易度 ☆☆

P.32
幸せを運ぶカラフルミサンガ
難易度 ☆☆～☆☆☆

P.35
お出かけブレスレット＆ネックレス
難易度 ☆～☆☆

各作品の材料としてしょうかいしている色やがらは一例です。好きな色やがらにして、自分なりの作品をつくってみるのも楽しいですよ。

手芸の基本 1 — 道具と材料を知ろう

作品づくりに必要な道具と材料をしょうかいします。基本の知識として、名前と使いみちを覚えておきましょう。

測る

- メジャー
- ものさし

切る

たちばさみ
布を切るためのはさみ。布以外のものは切らないようにしよう！

糸切りばさみ

印をつける

チャコペン（チャコえんぴつ）

印をつけたり、型紙を写したりするときに使う。水で消せるタイプや、時間がたつと消えるタイプなどがある。

ひもやゴムを通す

ひも通し

ぬう

ぬい針
長さや太さの異なる針があるので、作業によって使い分けよう。

まち針
布を留めるときに使う。

指ぬき
厚い布をぬうときや、長くぬうときに使う。針が楽に進む。

針さし

ししゅう針
太さはいろいろあるので、糸の太さによって針を選ぼう。

毛糸針 
毛糸を通す太い針。

ビーズ用針 
ビーズに糸などを通す針。

ししゅう糸
さまざまな太さの糸がある。写真は「25番」という太さのもので、比かく的使いやすい。6本の糸がより合わさっていて、そのうちの何本かを引きぬいて使うこともある。

手ぬい糸

はる

接着ざい

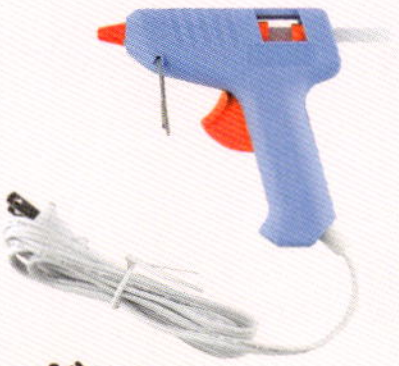

グルーガン
グルーガンは熱くなるので、やけどに注意（使い方はP.39）。

そのほか

ラジオペンチ
ワイヤーなどを曲げるときに使う。ネックレスやブレスレットをつくるときに便利。

かなづち
スナップボタンをつけるときなどにたたいて使う。

目打ち
布に穴をあけたり、ししゅう糸を整えたりする。

手芸の基本 2 使い方を覚えよう

アイロンやまち針などは、使い方をまちがえるとけがをすることもあります。安全に使う方法を覚え、気をつけて作業をしましょう。

アイロンの安全な使い方

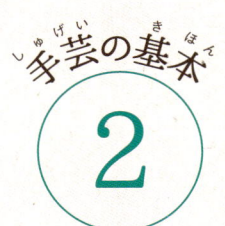

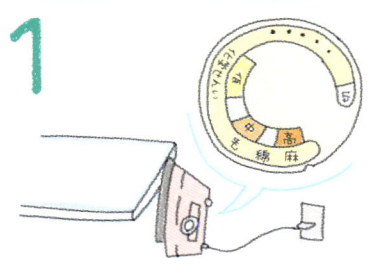

布はななめの方向にのびやすいため、アイロンはななめにかけない。

1 アイロンを平らな場所に置き、コンセントをさしてスイッチを入れる。布の種類に合わせて、温度の調節をする。

2 アイロンの底が熱くなったら、ぬい目や折り目からかけていく。布目に気をつけて全体を整える。

注意
- 広く、安定したところで作業をする。
- スイッチを入れたまま、作業場所をはなれない。
- 使わないときは立てておく。
- 使い終えたら、完全に冷めてからしまう。

まち針の打ち方

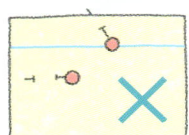 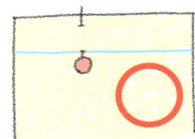

ぬう線に沿って、垂直に針をさす。布をたくさんすくうとずれてしまうので、細かく布をすくうとよい。

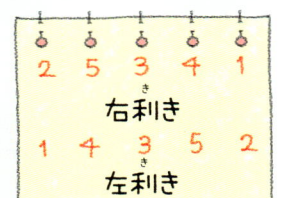

順番 布の両はし、中心、その間の順にさす。右利きと左利きで、さす順番がかわる。

布の基本と選び方

布目の方向

布の特性を知ると作品もきれいにできる！

布地の縦糸の向きのことを「布目の方向」という。バッグや服をつくるときは、布目の方向に合わせて布を使うと、形がくずれにくい。

縦に引っ張ると／横やななめに引っ張ると

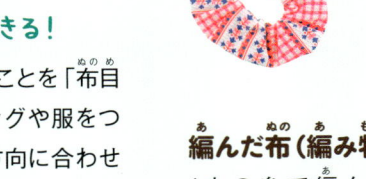

※布の矢印は、布目の方向

 のびない　 のびる

織った布（織物）
縦糸と横糸で織った布。編んだ布ほどはのびない。

編んだ布（編み物）
1本の糸で編んだ布。体操着などに使われる。縦にも横にもよくのびる。

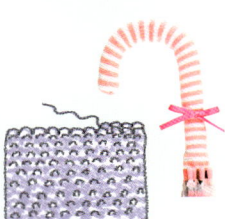

フェルト（せんいをからませてかためた布）
縦と横、表と裏の区別がなく、のびが少ない。ほつれもない。

手芸の基本 3 　針と糸でぬってみよう

針と糸を使った、いろいろなぬい方をしょうかいします。それぞれのぬい方をマスターして、手芸作品を楽しみましょう。

注意
- 作業をはじめる前と終わった後に、針の数を数えて確認しよう。
- 針先を人に向けないようにしよう。
- はさみを人にわたすときは、刃のほうを持ってわたそう。

針に糸を通す

1 糸をななめに切る。

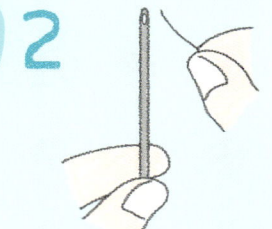
ななめに切ると、針の穴に通しやすいよ！

2 糸の先を持って、針穴に通す。

ポイント 糸は長すぎるとぬいづらいよ。手首からひじまでの長さがだいたいの目安だよ。

1本どり 糸の片側だけを玉結びし、糸1本でぬう。糸の基本的な使い方。

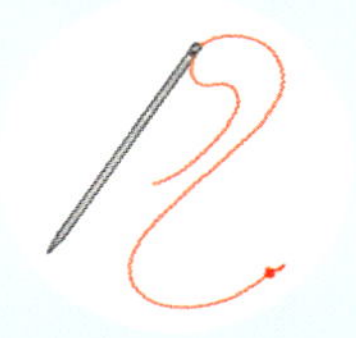

2本どり じょうぶにしたいときは、糸の両はしをいっしょに玉結びし、糸を2重にしてぬう。

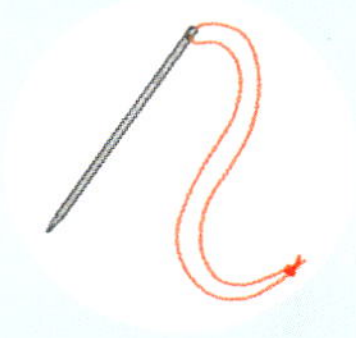

玉結びをする

1 糸のはしを人さし指に1回巻いて、親指でおさえる。

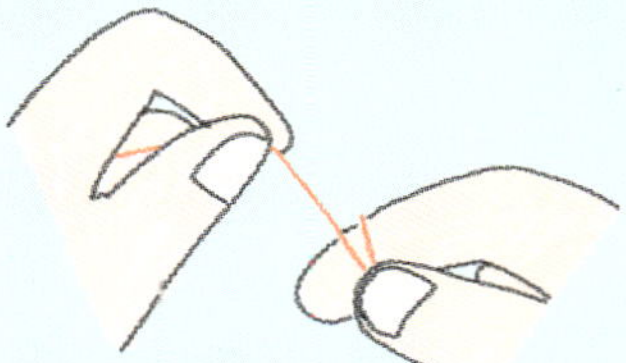

2 人さし指をずらして、糸から指をぬいて、糸をより合わせる。

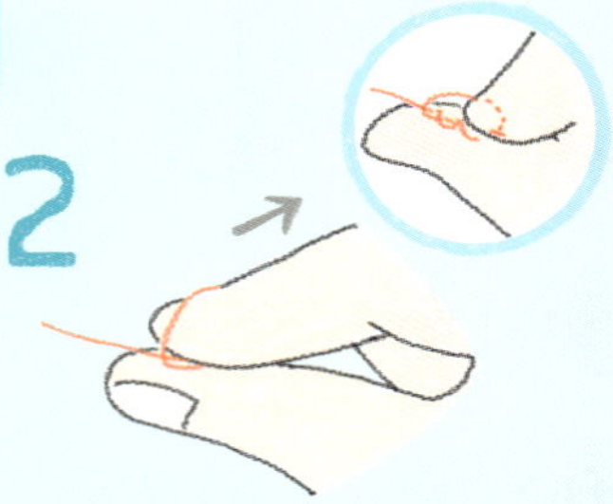

3 より合わせたところを親指と中指でおさえ、糸を引いて玉をつくる。

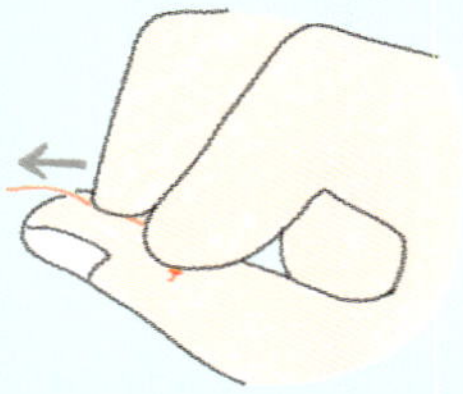

玉結び
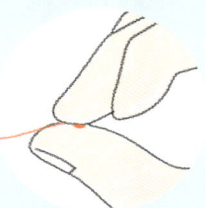

玉留めをする

1 ぬい終わりのところに針を置き、親指でおさえる。

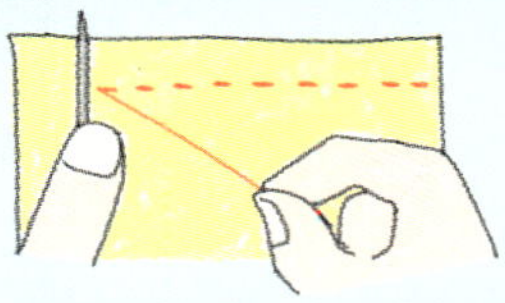

2 布から出ている糸を針に2〜3回巻く。

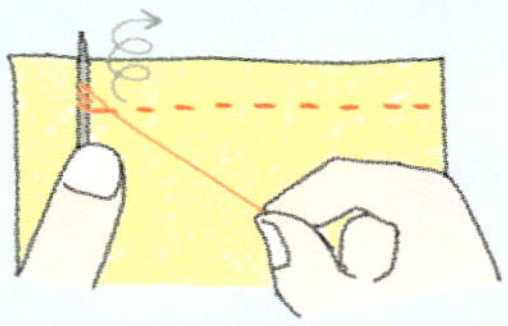

3 糸を巻いた部分を親指でおさえて、針を引きぬく。

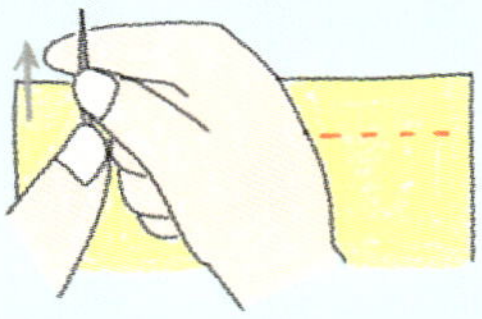

4 糸のはしを少し残して切る。

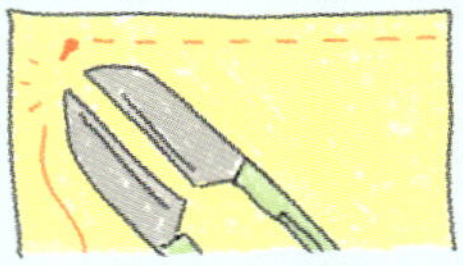

布をぬう

なみぬい

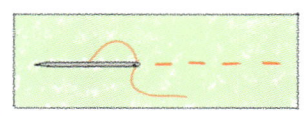
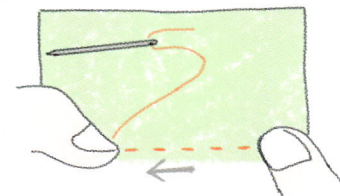

表と裏のぬい目が同じ間隔になるようにぬっていく。

ポイント 少しぬい進んだら、布が引きつれたままにならないように、ぬい目を指で整えよう！

本返しぬい

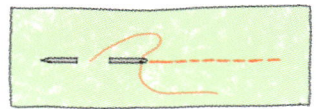

返しぬいは、なみぬいよりじょうぶ！

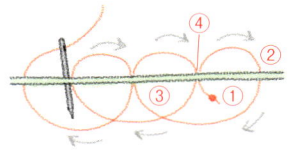

図のようにぬっていく。①と④は同じところになる。

半返しぬい

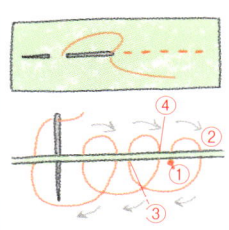

図のようにぬっていく。①と④は少しはなす。

かがりぬい

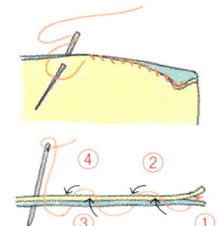

2枚の布のはしを合わせるときのぬい方。針を裏から入れて、表に出す。これを図のようにくり返す。

まつりぬい

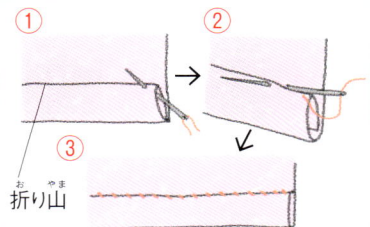

折り山の裏から針を入れて表に出す（①）。0.5cm〜1cm先を②のようにすくい、そのまま針をぬく。これをくり返す。

しつけ

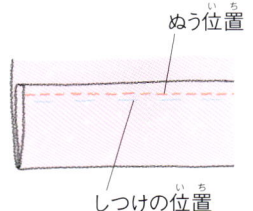

布がずれないように、手ぬいであらくぬうこと。実際にぬう位置と重ならないように、0.3cmほどはなしてぬう。ぬい終わったら、しつけ糸はぬく。

コの字とじ

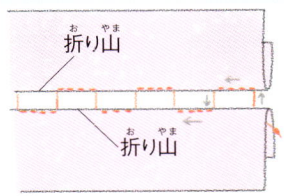

折り山の裏から針を入れて表に出す。反対側の折り山にさして、0.3cmくらいすくい、「コ」の字をかくように糸をわたしながらぬう。これをくり返す。

ボタンをつける

1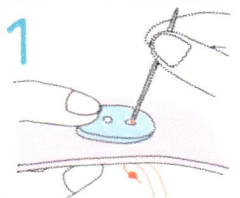

針に糸を通し、玉結びをする。布にボタンを置き、針を布の裏からさして、ボタンの穴に通す。

2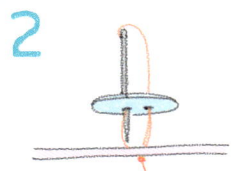

布とボタンの間に少しすき間をあけながら、穴に3〜4回、針を通す。

3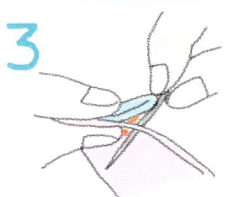

布とボタンの間に針を出す。布とボタンの間の糸に3〜4回糸を巻きつけ、針を布の裏に出して、玉留めをする。

手芸の基本 4 ミシンぬいを覚えよう

ミシンが使えると、大きなものもつくれるし、作業が早く進みます。ミシンの基本の使い方を覚えておきましょう！

注意
- ミシンで作業している間、よそ見をしない。
- ミシンで作業している人や、作動中のミシンにふれない。
- 針の下に指を入れない。
- 家で使うときは、大人といっしょに。

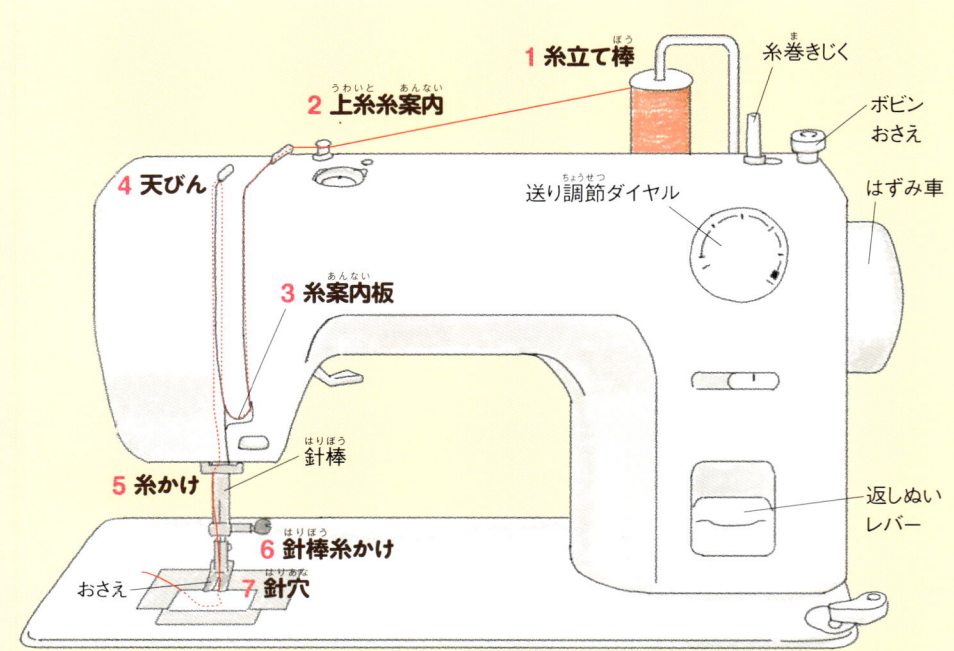

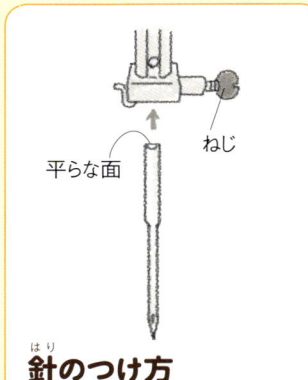

針のつけ方
① はずみ車を手前に回して、針棒を上げる。
② ねじをゆるめて、針の平らな面を針棒のみぞに合わせてさしこみ、しっかりねじをしめる。

1 準備をして からぬいをする
ミシンがきちんと動くかどうか、最初に確認をする。糸は通さずに行う。これを「からぬい」という。

2 下糸を入れる

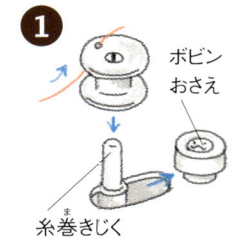

❶ ミシンの上にある下糸巻き機能を使って、ボビンにミシン糸を巻く。

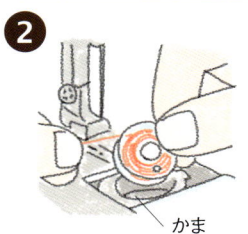

❷ ボビンをかまに入れる。

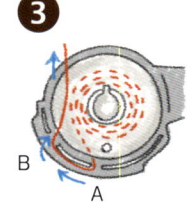

❸ 糸をAのみぞにかけた後、Bにもかける。糸のはしを15cmくらい出しておく。

3 上糸をかける
はずみ車を手前に回して天びんを上げる。1から7の順に上糸をかける。糸は15cmくらい出しておく。

4 下糸を出す

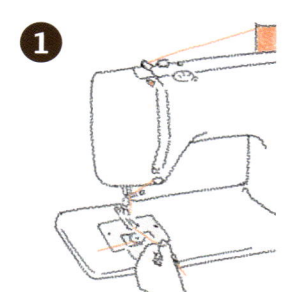

① おさえを上げたまま、左手で上糸を軽く持つ。

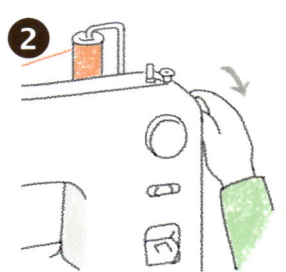

② 右手ではずみ車を手前にゆっくり回し、針を下ろす。

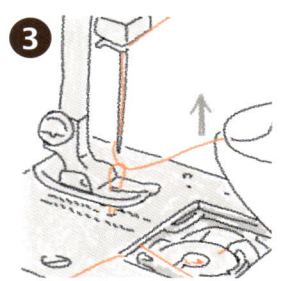

③ 針が上がってきたら、上糸を引っ張って下糸を引き出す。

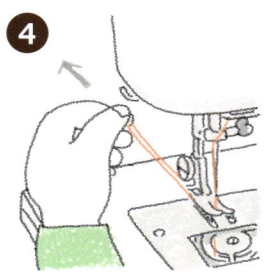

④ 上糸と下糸をそろえ、おさえの下を通して向こう側に置く。

5 ぬう

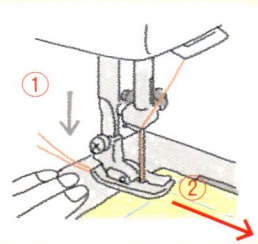

ぬいはじめ
① 布をおさえの下に置く。糸と布を軽くおさえて、はずみ車を手前に回して、針をぬいはじめの位置にさす。
② おさえを下ろし、ずれないように布に手をそえてぬいはじめる。

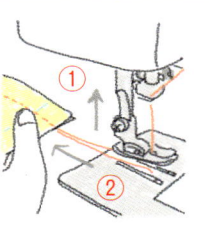

ぬい終わり
① ミシンを止める。はずみ車を回して針を上げ、次におさえも上げる。
② 布を向こう側へ引き、糸を10cmくらい残して切る。

方向をかえる

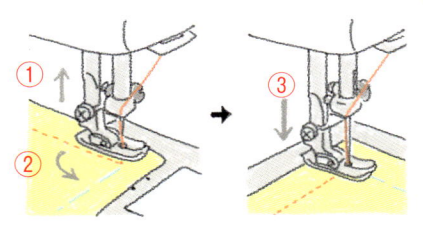

① 針をさしたまま、おさえを上げる。
② 布を動かして、方向をかえる。
③ おさえを下ろす。

これも覚えておこう

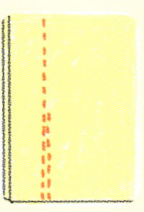

返しぬい
ぬいはじめやぬい終わり、じょうぶにしたいところには、返しぬいをする。返しぬいレバーを使うか、針をさしたまま、布を反対向きにして、1.5cm〜2cmぬう。

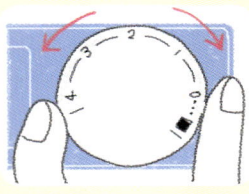

大きくなる　小さくなる

ぬい目の大きさをかえる
送り調節ダイヤルは、数字を大きくすると、ぬい目が大きくなる。

難易度 ★

アリスの大きなカチューシャ

大きなリボンのポップなカチューシャは、髪にかざるだけで、おしゃれなアクセントになります。好きな色のリボンを組み合わせて、いろいろなバリエーションをつくってみてもいいですね！

型紙 P.11

材料 A

1 カチューシャ	
2 リボン（はば5cm／ピンク）	50cm
3 リボン（はば2.5cm／しま）	10cm
4 フェルト（うすピンク）	適量

道具
ものさし　はさみ　ホチキス　接着ざい　グルーガン

大きなリボンでおしゃれに変身！

A ピンクのカチューシャ

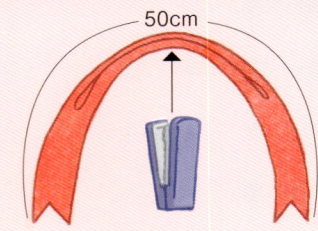

POINT
リボンは、はしのほつれにくいものを選ぶと、きれいに仕上がります。

1 リボンの両はしを図のように切り、中央をつまんで、ホチキスで留める。

B 緑のカチューシャ

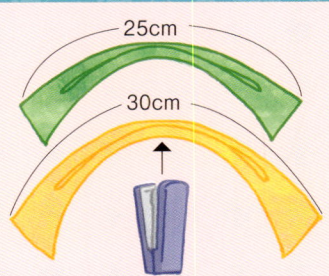

1 2本のリボンの中央をつまんで、それぞれホチキスで留める。

B

材料

1. カチューシャ
2. リボン（はば4cm／緑） 25cm
3. リボン（はば4cm／黄） 30cm
4. リボン（はば3cm／しま） 10cm
5. フェルト（黄緑、うすむらさき） 各適量

道具

はさみ　ホチキス　チャコペン　接着ざい
グルーガン

リボンが大きくゆれるポップなカチューシャ

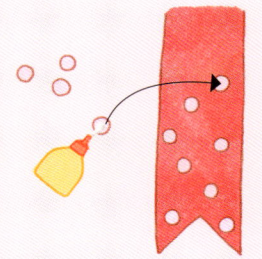

2 フェルトを直径0.8cmくらいの円に切り、バランスよく散らして接着ざいではる。

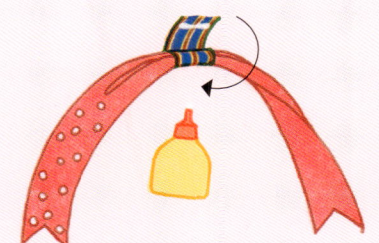

3 ホチキスで留めたところをかくすように、しまのリボンを巻いて、接着ざいで留める。

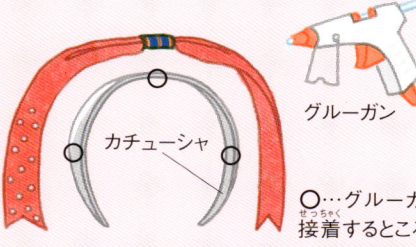

4 カチューシャにグルーガンで3をつけて完成。
※グルーガンの使い方は、P.39を見てね。
○…グルーガンで接着するところ

型紙　原寸

2 フェルトに型紙を置き、チャコペンで形を写し、花（6個）と葉っぱ（10個）の形にフェルトを切り、バランスよく散らして接着ざいではる。

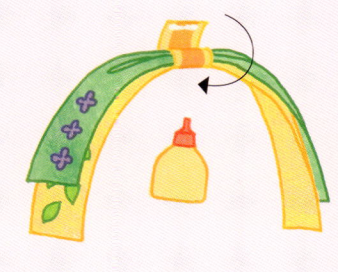

3 リボンを2つ重ねて、ホチキスで留めたところをかくすように、しまのリボンを巻いて、接着ざいで留める。

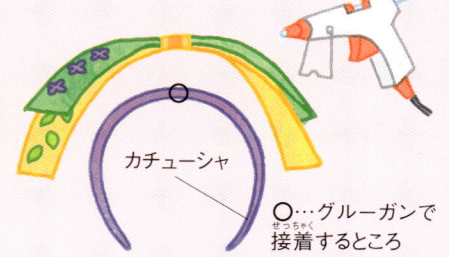

4 しまのリボンのところをグルーガンで留める。
※グルーガンの使い方は、P.39を見てね。
○…グルーガンで接着するところ

難易度
★

キラキラちょうちょバレッタ

存在感のある、ちょうちょ形のバレッタ。フェルトを切って、接着ざいで留めてつくるので、初心者でも簡単！友達へのプレゼントにつくってあげてもすてきですね。

型紙 P.39

シフォンリボンが髪の上でふわふわゆれるよ

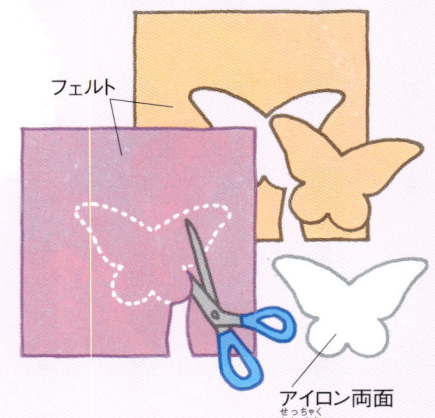

1 2枚のフェルトとアイロン両面接着シートに型紙を置き、それぞれチャコペンで形を写し、ちょうちょの形に切る。

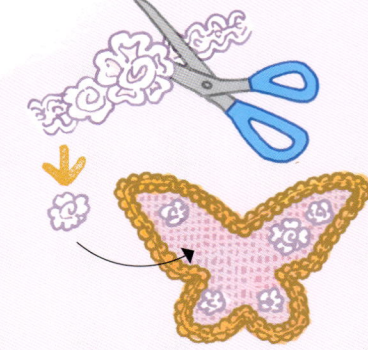

5 花かざり用のレースから花の部分を切り、4に接着ざいでバランスよくはる。

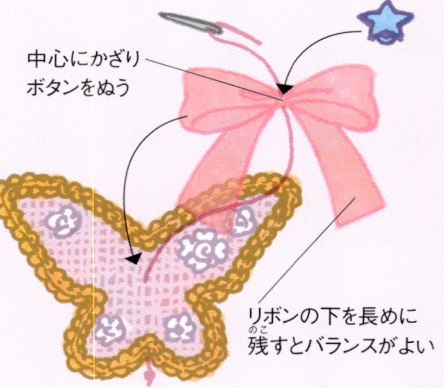

6 シフォンリボンをちょうちょ結びにする。結び目がほどけないように5にぬい、中心にかざりボタンをぬいつける。

材料

1. 髪留めの土台
2. ちょうちょ本体のフェルト
   （ピンク、ベージュ）
   18cm×18cm 各1枚
3. アイロン両面接着シート
   12cm×12cm
4. 本体カバー用のレース
   12cm×12cm
5. ふちどり用のレース（はば0.7cm
   ／ゴールド） 42cm
6. 花かざり用のレース 適量
7. シフォンリボン（はば2.5cm
   ／ピンク） 約20cm
8. かざりボタン
   手ぬい糸 適量

道具
チャコペン　はさみ　アイロン
あて布　接着ざい　ぬい針

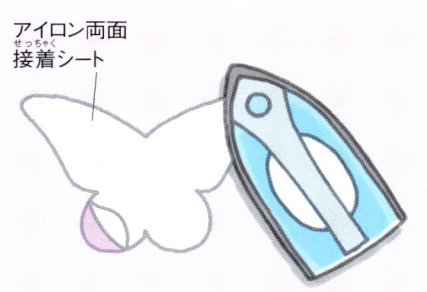

2 1で切ったピンクのフェルトにアイロン両面接着シートをアイロンではりつけ、はくり紙をはがす。

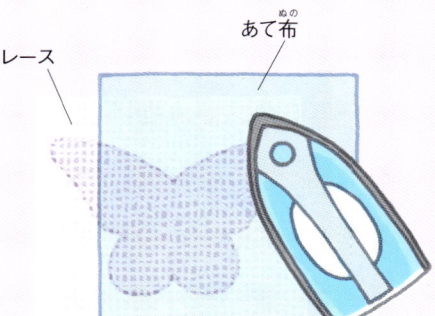

3 本体カバー用のレースを2の上に置き、あて布をしながらアイロンをかけて、レースをつける。はみ出した部分をはさみで切る。

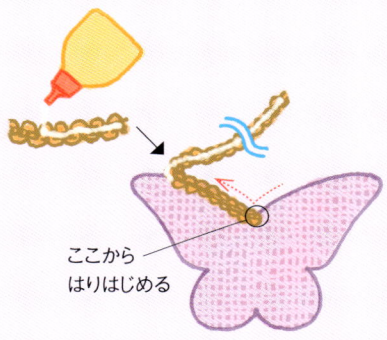

4 ふちどり用のレースに接着ざいをつけ、ちょうちょの輪かくに沿ってはる。

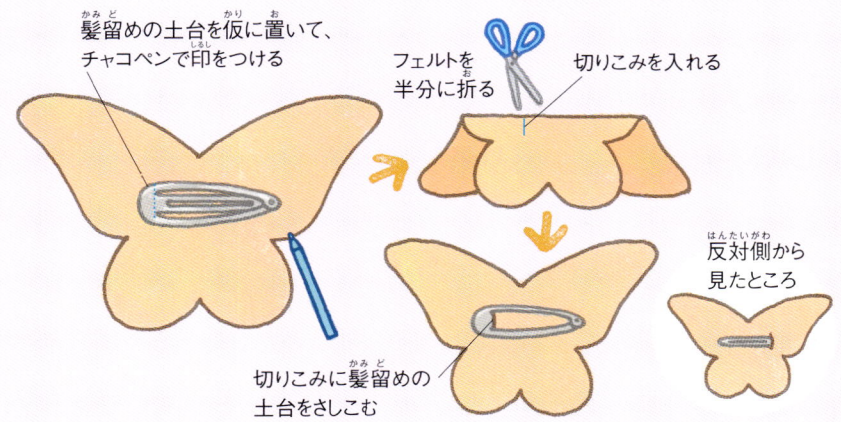

7 1で切ったベージュのフェルトに切りこみを入れて、髪留めの土台をつける。

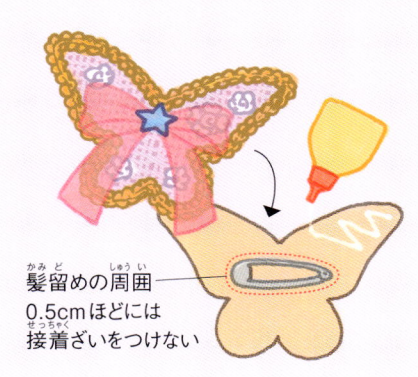

8 6と7のフェルトを接着ざいではり合わせて完成。

難易度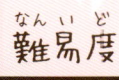

おとめチックシュシュ

大きめサイズのかわいいシュシュ。髪にかざるだけで、女の子度がアップします。洋服とコーディネートをしたり、ファッションポイントにしたりと、おしゃれさんには欠かせないマストアイテム。

図案 P.16

A

B

C

A

材料
1. 布（ピンクギンガムに花がら） 13cm×53cm
2. ゴム 18cm

ミシン糸
手ぬい糸 　各適量

B

材料
1. 布（青に白の水玉、白に花がら、白のニット地、黒のビロード、ピンクの花ししゅう） 13cm×12cm 各1枚
2. ゴム 18cm

ししゅう糸
ミシン糸 　各適量

C

材料
1. 布（青に白のハートがら） 15cm×48cm
2. リボンのパーツ 4個
3. ゴム 18cm
4. ししゅう糸（ピンク系） 各適量

ミシン糸
手ぬい糸 　各適量

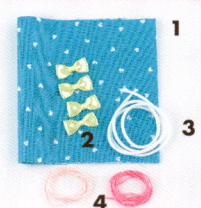

道具 ものさし　チャコペン　はさみ　まち針　ミシン　アイロン　ゴム通し　ぬい針　チャコペーパー　ししゅう針　ししゅうわく（直径10cm〜12cm）

A シンプルなシュシュ

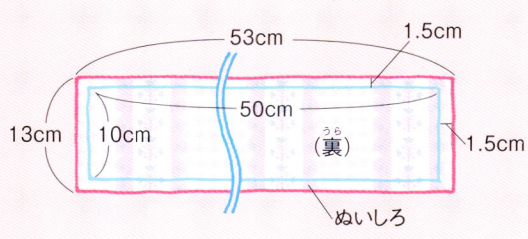

1 布の裏面にチャコペンで10cm×50cmの長方形の線を引く。

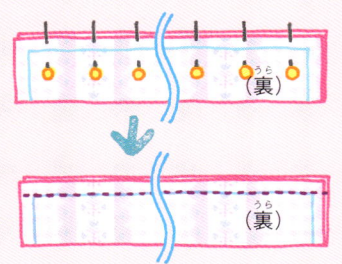

2 図のように、表を内側にして半分に折り、まち針で留め、長い辺をミシンでぬう（まち針を外しながら、ぬい進める）。

3 表に返してアイロンをかける。片側の口を少し内側に折りこむ。

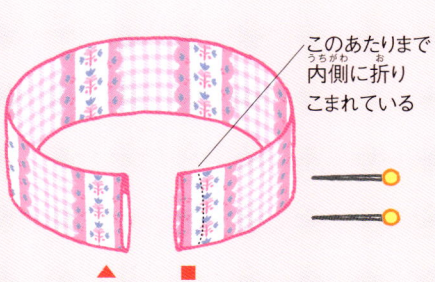

4 ▲を■の中に入れて、まち針で留める。

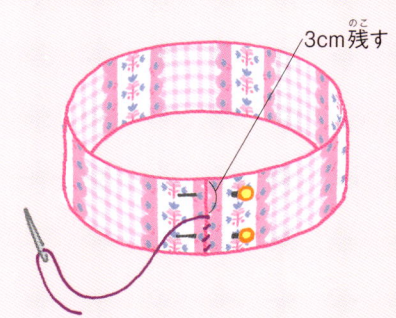

5 ゴムを入れる部分を3cm残して、口の部分をまつりぬいする。

6 ゴムを通して結び、あいている部分をぬって完成。

B パッチワークシュシュ

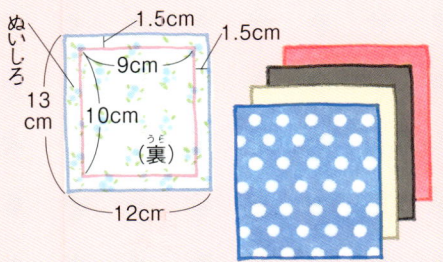
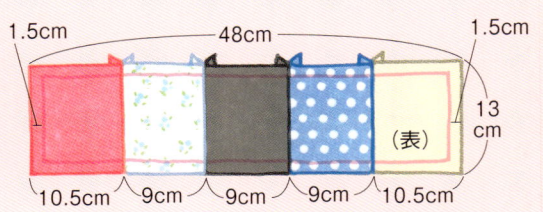

1 チャコペンで5枚の布の裏面に、それぞれ10cm×9cmの長方形の線を引く。

2 1の布の縦のぬいしろを図のように1枚ずつ合わせてミシンでぬう。5枚がつながると13cm×48cmの長方形になる。

3 「Aシンプルなシュシュ」の2～6と同じ手順で仕上げる。ゴムを入れる口をぬうときは、ししゅう糸でかがりぬいをする。

C ししゅうとリボンシュシュ

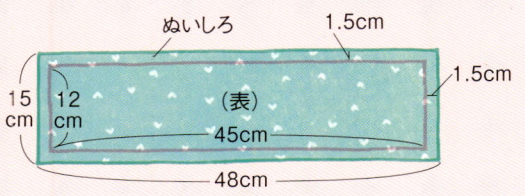
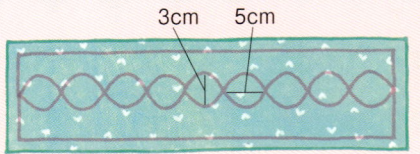

1 チャコペンで布の表面に12cm×45cmの長方形を書く。

2 1にチャコペーパーで図案を写す。

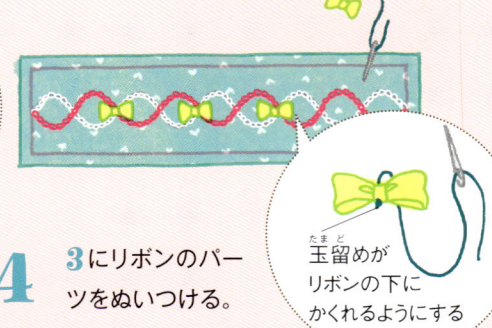

3 ししゅうわくに2をはめ、ししゅう糸を4本どりにして、図案どおりにチェーンステッチでししゅうする。

4 3にリボンのパーツをぬいつける。玉留めがリボンの下にかくれるようにする。

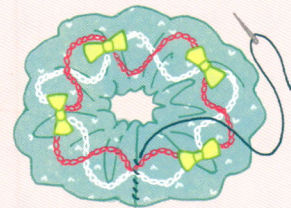

5 「Aシンプルなシュシュ」の2～6と同じ手順で仕上げる。アイロンをかけるときは、ししゅうが上になるようにする。

チェーンステッチの手順

布の裏から針を入れて①で出し、すぐ近く（②）に入れる。0.7cmくらい先の③から針を出す。針に糸をかけ、軽く糸を引く。

③のすぐ近く（④）に針を入れ、0.7cmくらい先の⑤から針を出す。針に糸をかけ、軽く糸を引く。

これをくり返す。

図案 300%に拡大する

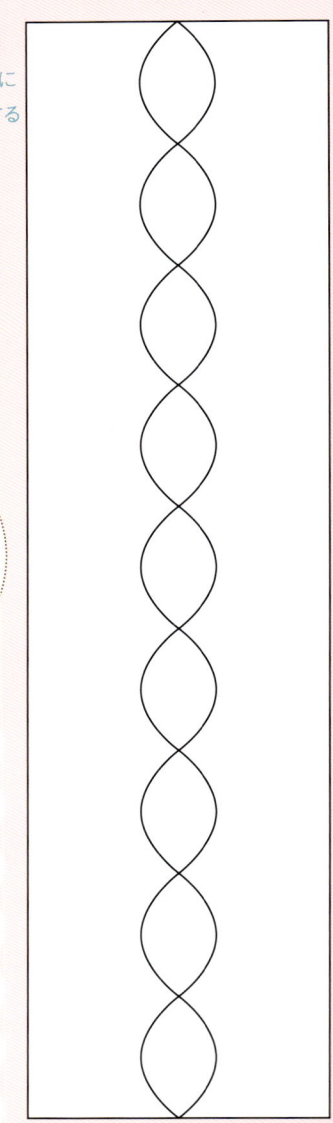

簡単デコの おすましくつ下

図案 P.19

難易度

おしゃれさんは、くつ下も
センスよくはきこなします！
シンプルなものにレースやポンポンをつけたり
するだけで、自分だけの"オリジナルデコくつ下"が
できますよ。

A

B

C

	A		B		C
材料		**材料**		**材料**	
1 くつ下（茶）		1 くつ下（白）		1 くつ下（グレー）	
2 レース（はば5.5cm）	19cm	2 ポンポン（こん色）	4個	2 丸いレースのワッペン（アイロン接着タイプ）	2枚
手ぬい糸	適量	手ぬい糸	適量	3 ししゅう糸（黒）	適量

道具 ものさし　はさみ　まち針　ぬい針　チャコペーパー　ししゅう針　アイロン　あて布

A レースのくつ下

1 レースを半分（9.5cmずつ）に切る。くつ下の側面にレースを置き、レースの上のはしは3cmくらいくつ下の中へ折る。下のはしは1cmくらい内側に折って、まち針で留める。

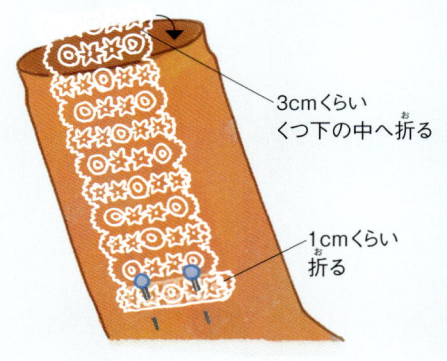

3cmくらいくつ下の中へ折る

1cmくらい折る

2 まち針が外れないように、くつ下を裏に返して、手ぬい糸でレースの上のはしをぬう。まち針を目印にして、レースの下のはしもぬう。もう片方のくつ下も同じようにぬう。

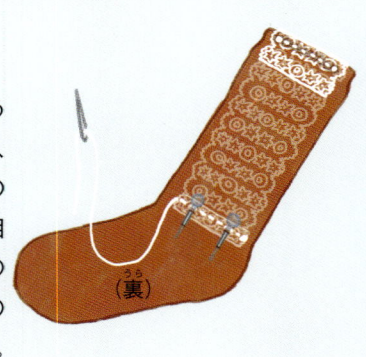

(裏)

B ポンポンくつ下

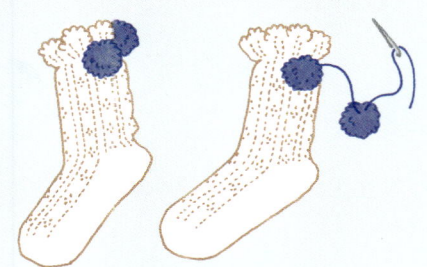

1 くつ下の足首の後ろに、ポンポンを2個ずつ、左右にならぶようにぬいつける。

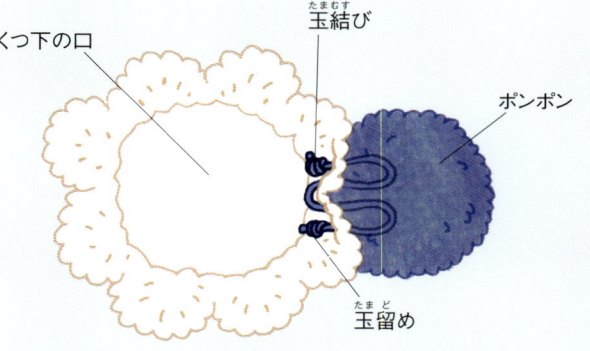

くつ下の口　玉結び　ポンポン　玉留め

くつ下にポンポンをつけるときは、図のように2か所をぬい留めると、しっかりつく。

C 音符とト音記号のくつ下

1 丸いレースのワッペンにチャコペーパーで図案を写す。

2 ししゅう糸を3本どりにして、バックステッチ①とフレンチノットステッチ②でト音記号をししゅうする。

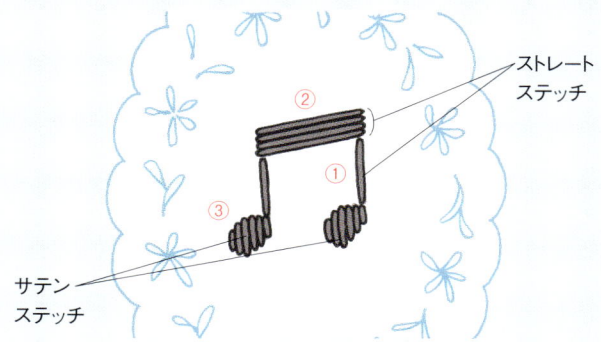

3 ししゅう糸を1本どりにして、ストレートステッチ①をする。3本どりにして、ストレートステッチ②とサテンステッチ③をする。

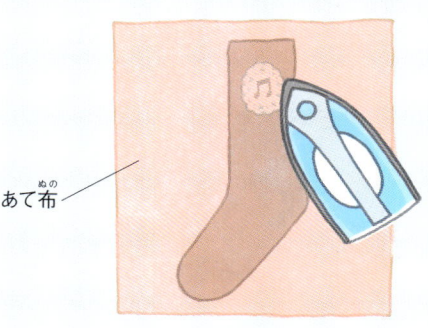

4 くつ下の側面に**2**と**3**をそれぞれのせ、あて布をしてアイロンで接着する。

図案／原寸

バックステッチの手順

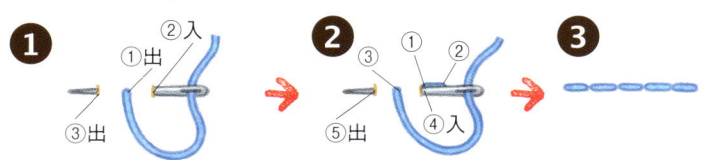

針を裏から入れて①で出し、その後ろの②から針を入れる。①の前の③から針を出す。③から出した針を④に入れ、⑤から出す。これをくり返す。

フレンチノットステッチの手順

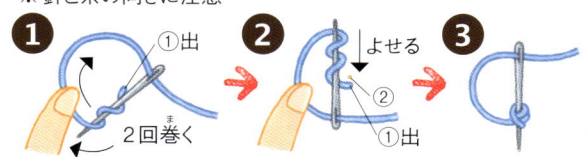

※針と糸の向きに注意

裏から針を入れて①で出す。針先に糸を2度かけて、上に向ける。針先にかけた糸をよせて、①のすぐ横の②に針を入れる。針を裏へ引きぬく。

ストレートステッチの手順

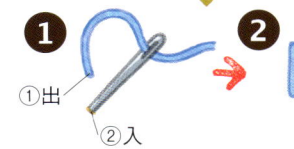

針を裏から入れて①で出す。直線になるように、②から針を入れる。

サテンステッチの手順

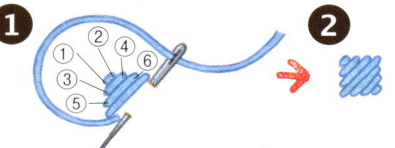

①から出した針を数字の順にさし、形に合わせて、すき間が出ないように糸でうめていく。

難易度 ★★☆

ねこ耳つき ロマンチックパーカー

フードをかぶると、キュートな耳がぴょこんと出てくるデコパーカー。好きな布やレース、リボンを使って、思いきりデコってみましょう！世界で1つだけのパーカーが簡単にできあがります。

材料

1 パーカー
2 フェイクファーのテープ（はば5cm）　20cm
3 プリント生地（絵がらのあるもの）　適量
4 アイロン両面接着シート　適量
5 サテンリボン（はば0.5cm）　22cm 2本
6 レースのモチーフ（直径10.5cm）　2枚
　しつけ糸
　手ぬい糸　　各適量

道具　ものさし　はさみ　ぬい針　アイロン

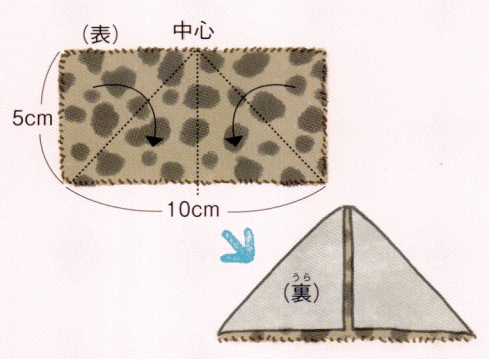

1 フェイクファーのテープを半分（10cmずつ）に切り、1つを図のように表を内側にして三角に折る。

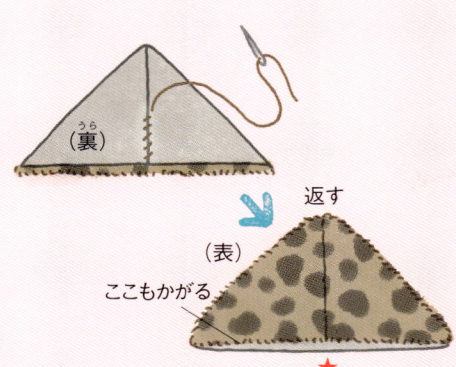

2 中央で合わさった辺をかがり、表に返し、下の長い辺もかがる。もう1つも同じようにつくる。

3 フードの左右に、★の辺をまつりぬいでぬいつける。

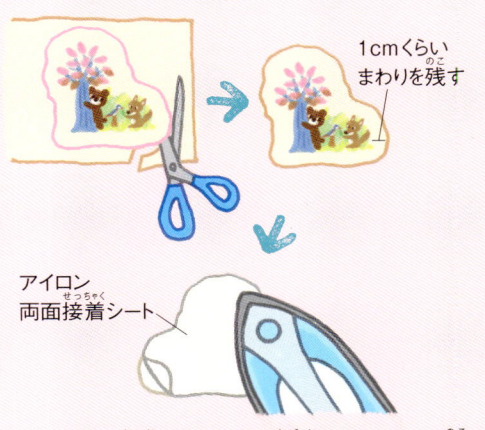

4 プリント生地の絵がらを周囲1cmくらい残して切りぬき、同じ形に切りぬいたアイロン両面接着シートを裏にアイロンではる。

5 4を絵がらにそって切り、はくり紙をはがして、パーカーの胸のところにアイロンではる。

6 レースのモチーフの中心より少し上に、ちょうちょ結びにしたサテンリボンをぬいつける。もう1枚も同じようにつくる。

7 6を左右のポケットに、しつけ糸でしつけぬいをして固定する。目立たない色の手ぬい糸でレースのふちをまつる。内側も数か所まつって留める。しつけ糸をぬく。

難易度

ドットのかざりとチロリアンテープで
デコると、デニムスカートも
おしゃれ度アップ！ 自分なりに色の組み合わせや
模様をかえると、スカートの
印象もかわってきます。デコで友達に
おしゃれの差をつけましょう！

心おどる ドットデニムスカート

材料

1. デニムスカート
2. スパンコールテープ（アイロン接着タイプ） 約20cm
3. チロリアンテープ（はば2cm） 68cm
   ※長さはスカートのウエストサイズに合わせる。
4. 羊毛（グレー、白、水色、黄緑、こげ茶、フューシャピンク、オレンジ） 各1g弱

手ぬい糸　適量

道具

チャコペン　フェルティングマット　アイロン
フェルティングニードル　あて布　ぬい針

羊毛のさし方

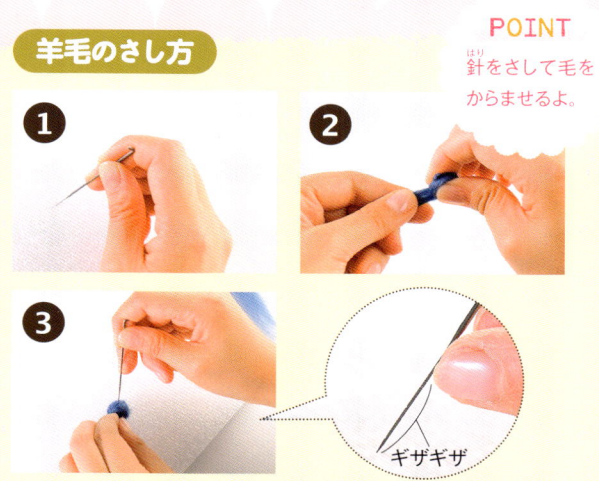

❶ニードルは、このように持つ。❷羊毛を丸める。❸いろいろな方向からさす。ニードルのギザギザで羊毛のせんいをうめこむようにさす。

POINT 針をさして毛をからませるよ。

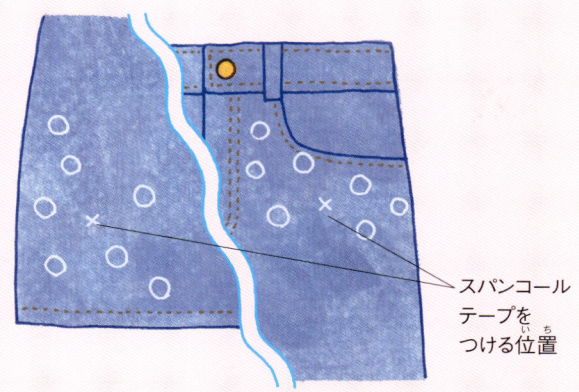

1 左のポケットのまわりと右すそに、図のようにチャコペンで印をつける。

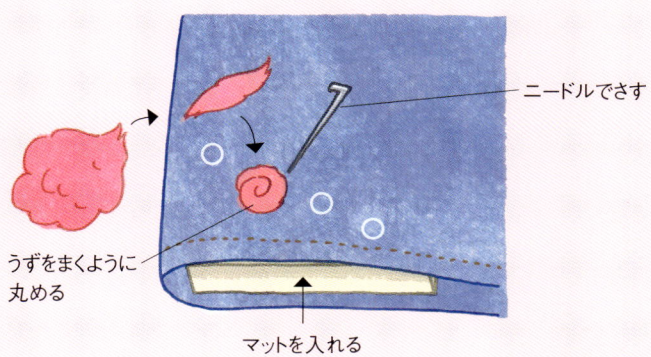

2 デニムの間にフェルティングマット（以下、マット）をはさむ。好きな色の羊毛を小さく丸め、チャコペンでかいた円の上に置く。フェルティングニードル（以下、ニードル）で羊毛の毛羽立ちがなくなるまで、全体を均等にさしつける。

3 すべての円の上に、色のちがう羊毛をさす。終わったらマットを外し、中温のスチームアイロンを当てる。

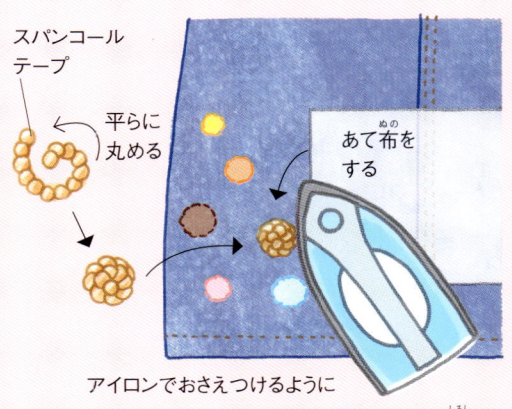

4 スパンコールテープを円形にして、印の上に置く。あて布をして、上からアイロンで接着する。

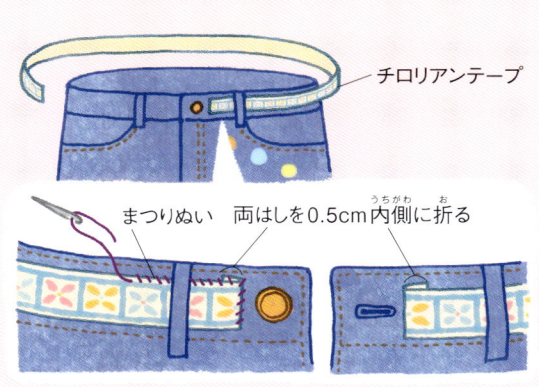

5 チロリアンテープをウエスト部分にまつりぬいでぬいつけて完成。

材料

1 Tシャツ（グレー）
2 布（白と黒の縦じま）　21cm×21cm
3 フェルト（ピンク）　14cm×14cm
4 ししゅう用リボン
　（はば0.7cm／黄緑、緑）　各適量
5 ししゅう糸（ピンク系）　適量
　手ぬい糸　適量

道具

チャコペン　はさみ　まち針　ししゅう針　リボン用ししゅう針　アイロン　ぬい針

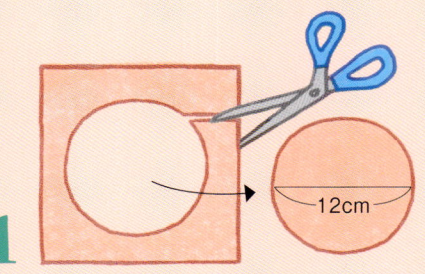

1
フェルトにチャコペンで型紙の円を写し、はさみで切る。

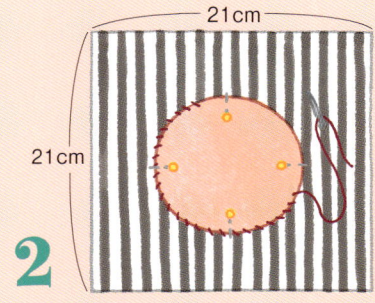

2
布の中央に1をおき、まち針で留める。フェルトの周囲をししゅう糸を2本どりにしてかがりぬいする。

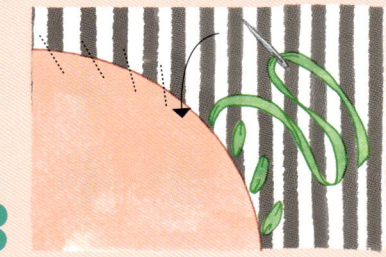

3
リボンでししゅうする。リボン用ししゅう針に緑のリボンを通して、P.39のししゅう例を参考にストレートステッチ（P.19）でししゅうする。

4
黄緑のリボンも図のようにストレートステッチでししゅうする。ピンクのししゅう糸で花をつくる。糸を12本どりにして、フレンチノットステッチ（P.19）を22個さす。

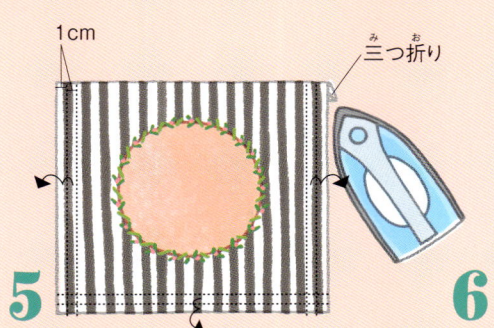

5
4の4辺を、1cmはばで裏側へ三つ折りにして、アイロンでおさえる。

6
5をTシャツの左下にまち針で留める。上の辺以外の3辺をまつりぬいする。

難易度 ★

スキップしたくなる うわばき

型紙 P.27

毎日はくうわばきが、もっとかわいくなったらいいなと思うことはありませんか。フェルトや花形のボタンを使って、うわばきをキュートにデコ！ 針も糸もいらないので、簡単にデコが楽しめます！

材料

1. うわばき
2. フェルト（ピンク、水色） 各適量
3. マーガレット形のボタン（直径2.5cm） 2個
4. マーガレット形のボタン（直径2cm） 6個
5. サテンリボン（はば0.5cm／ピンク、クリーム色、水色） 各60cm

道具

チャコペン　はさみ　ものさし
ホチキス　接着ざい　グルーガン

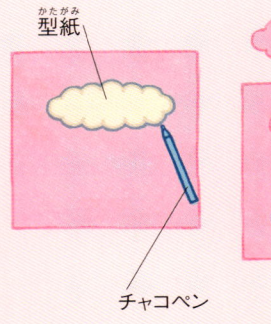

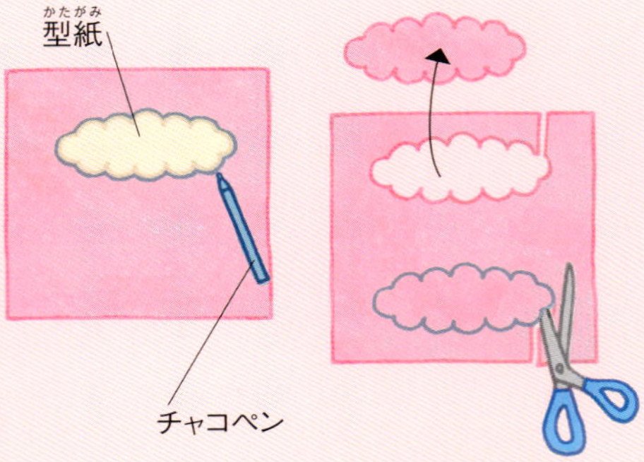

1 ピンクのフェルトにかざりの型紙（P.27）をチャコペンで写し、はさみで切る。同じかざりを2枚切る。

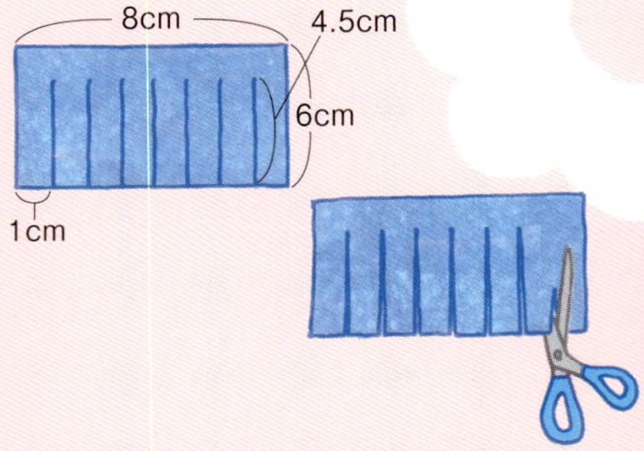

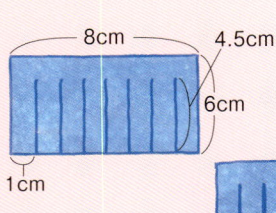

2 水色のフェルトを6cm×8cmに切り、はば1cm、長さ4.5cmの切りこみを7本入れる。同じものを2枚つくる。

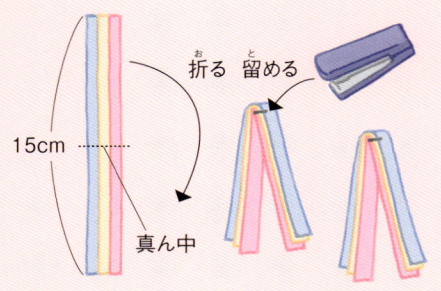

3 サテンリボンを4本ずつ（15cm）に切る。3本（3色）束ねて真ん中で折り、折ったところをホチキスで留める。同じものを4つつくる。

4 2の上のほうに接着ざいをつけ、1のかざりをはる。

難易度 ☆☆

かんバッジにリボンをデコする、ロゼットブローチ。大きなフリルのリボンは、存在感もばつ群です！ 好きなスタンプをおして、自分だけのロゼットブローチをつくりましょう。

夢見るロゼットブローチ

1 1m15cmのリボンを71cmと44cmに切る。

2 71cmのリボンを2cmの間隔で図のようにつまみ、まち針で留めながら、なみぬいをする。

まち針はぬったところからぬいていく

材料

1 かんバッジ（直径7.5cm）
2 リボン（はば3.5cm／白）　1m15cm
3 ひだつきレースリボン（はば3.5cm）　20cm
4 好きなスタンプ
　手ぬい糸　　　　　　　　　　適量

道具

ものさし　はさみ　まち針　ぬい針　接着ざい
スタンプ台

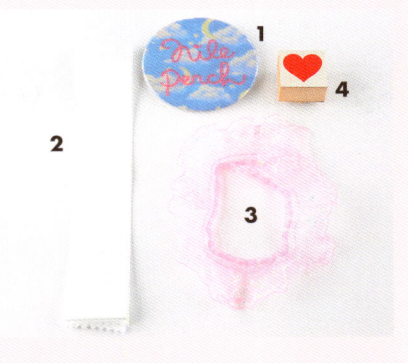

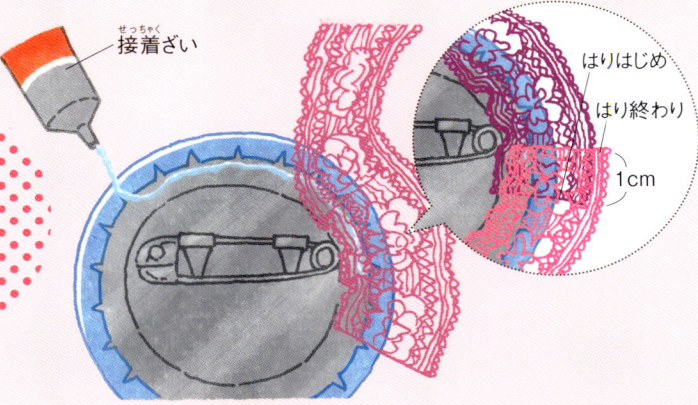

3 かんバッジの裏に接着ざいをぬって、ひだつきレースリボンをはり、最初と最後が1cmくらい重なるようにする。重なったところを接着ざいで留める。

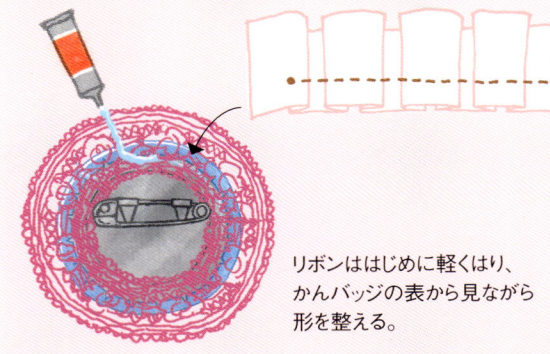

4 3のレースの上に接着ざいをぬり、バッジの周囲に沿って丸く2のリボンをはる。リボンのはりはじめとはり終わりが重なったところを接着ざいで留める。

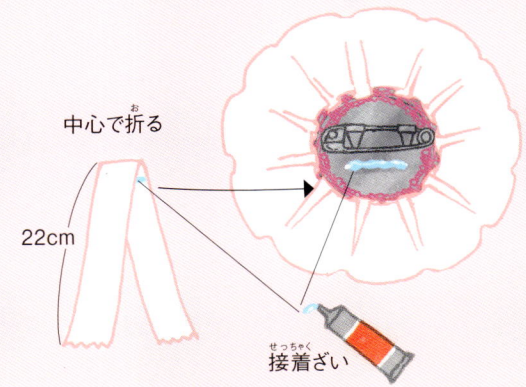

5 44cmのリボンを半分に折り、接着ざいでかんバッジの裏にはる。
※リボンの長さは自分なりにかえてみましょう。10cm以上出る長さにすると、かわいくなります。

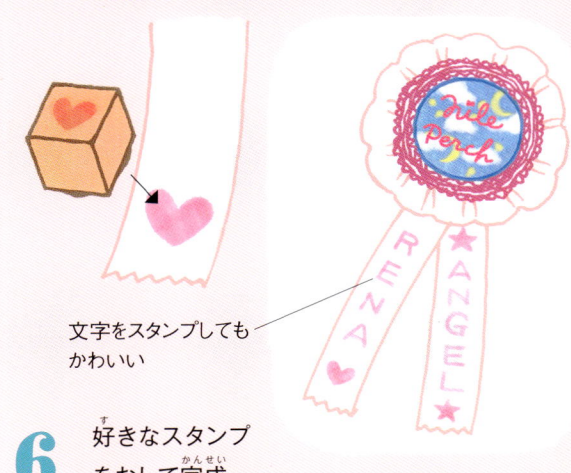

6 好きなスタンプをおして完成。

難易度 ☆☆

材料

1. 指輪の土台
2. フェルト（赤、オフホワイト） 5cm×5cm 各1枚
3. 綿　適量
4. リボン（はば0.4cm／緑） 10cm
5. ししゅう糸（黒）　適量
　手ぬい糸（赤）　適量

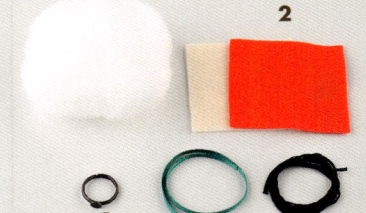

道具
チャコペーパー　ものさし　はさみ
ししゅう針　ぬい針　接着ざい

図案 P.39

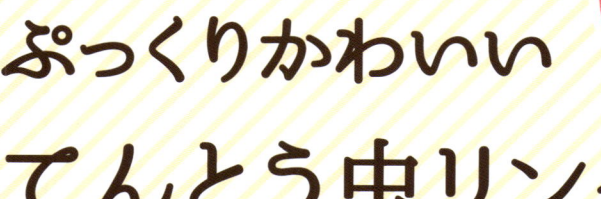

ぷっくりかわいい
てんとう虫リング

大きなてんとう虫がリングになった！
1つ指にはめるだけで、おしゃれのアクセントになります。お出かけするときや、お呼ばれの席にかわいいリングで出かけていってはいかがでしょう。

 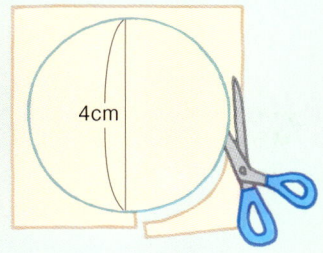 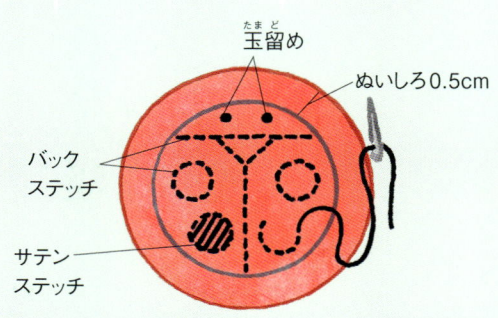

1 赤いフェルトに、チャコペーパーで図案を写す。オフホワイトのフェルトには、外側の円だけを写す。それぞれはさみで切る。

2 ししゅう糸を3本どりにして、バックステッチとサテンステッチでししゅうする（P.19）。

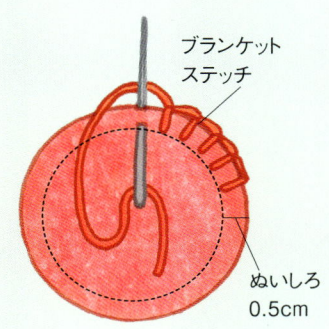 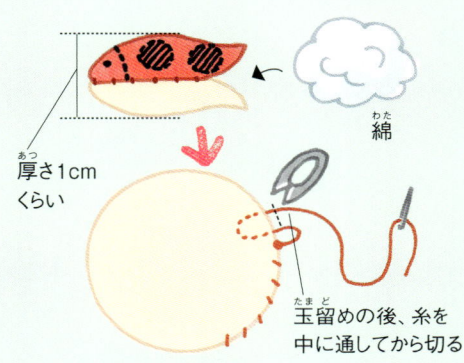 

3 **2**とオフホワイトのフェルトを、表を内側にして合わせる。ぬいしろ0.5cmでブランケットステッチでぬい合わせる。全体の4分の3くらいまでぬい、表に返すための返し口を残す。

4 返し口から表に返して、厚さが1cmくらいになるまで綿をつめる。返し口をまつりぬいする。

5 リボンをちょうちょ結びにしてぬいつける。

バックステッチの手順

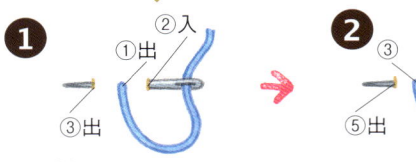

❶ 針を裏から入れて①で出し、その後ろの②から針を入れる。①の前の③から針を出す。

❷ ③から出した針を④に入れ、⑤から出す。

❸ これをくり返す。

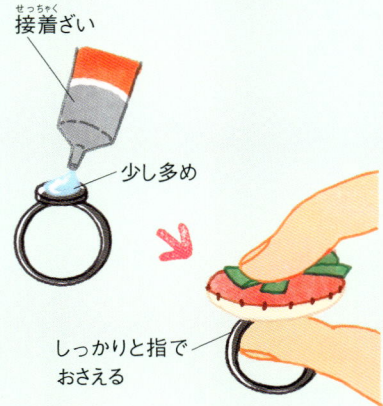

6 接着ざいで**5**を指輪の土台につけて完成。

ブランケットステッチの手順

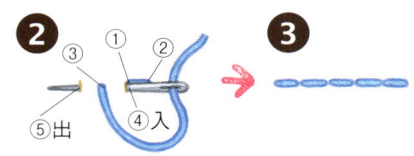

❶ 裏から針を入れて①から出す。ななめ下の②に入れ、③から出す。このとき、針先に糸をかけておく。

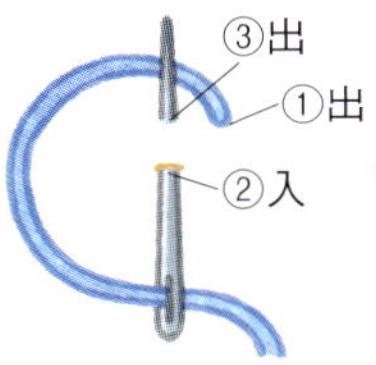

❷ これをくり返す。

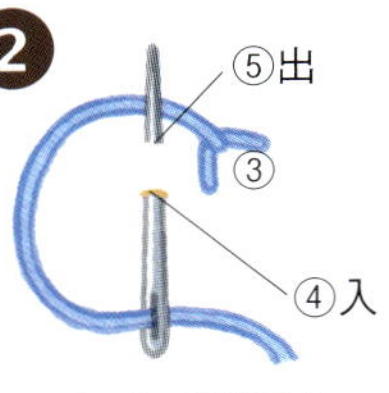

難易度 ☆☆〜☆☆☆

切れると願いごとがかなうというミサンガ。好きな色のししゅう糸を使って、ミサンガづくりにチャレンジしてみましょう。手首に何本か重ねてつけたり、友達とおそろいのものをつくったりしてもいいですね！

幸せを運ぶカラフルミサンガ

材料 できあがりサイズ：29cm

ししゅう糸
A（水色、ピンク、うす黄緑、うすむらさき、うすピンク、クリーム色）
B（青、むらさき、ピンク、黄、黄緑、水色）
各80cmくらい

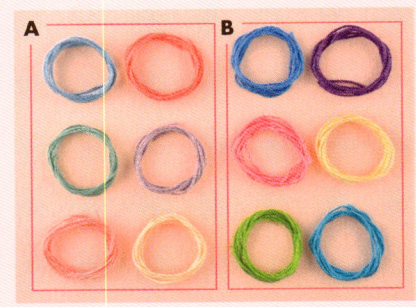

道具 はさみ　ものさし　セロハンテープ

A・B ななめ編みのミサンガ

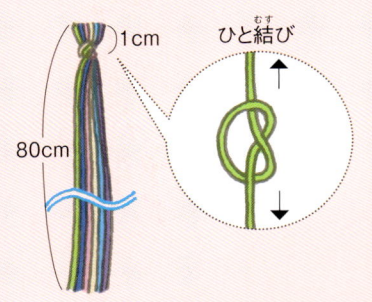

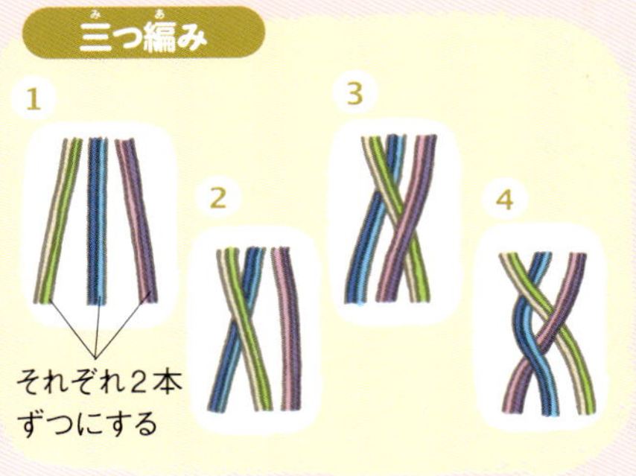

1 6色のししゅう糸すべての長さをそろえ、はしから1cmのところで「ひと結び」する。

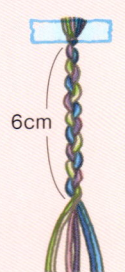

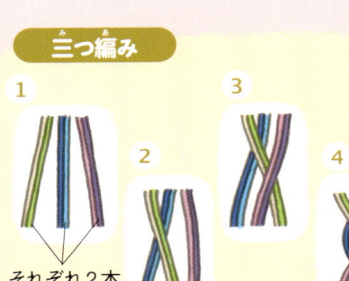

2 1をセロハンテープで机に固定する。2本1組にして3組にし、「三つ編み」を6cm編む。

3 「三つ編み」の最後で、6色まとめて「ひと結び」する。

4 「ななめ編み」を15cm編む。

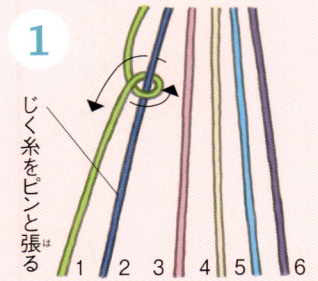

1 左から2番目の糸をじく糸にして、1番目（左はし）の糸を巻きつけ、上へ引きしめる。

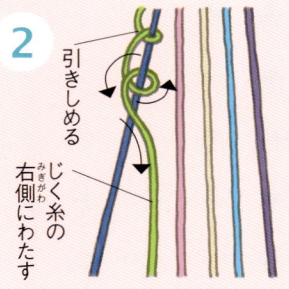

2 もう一度、①をくり返す。

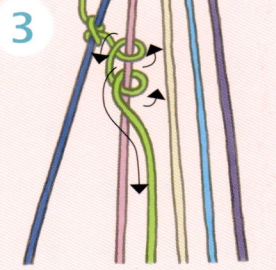

3 次に3番目の糸をじく糸にして、①、②と同じように巻きつけ、引っ張る。

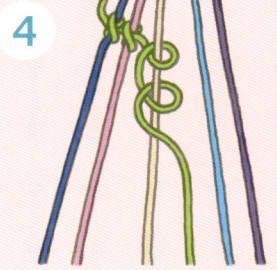

4 同じように、4番目、5番目、6番目の糸をじく糸にして編んでいく。ここまでが1段目。

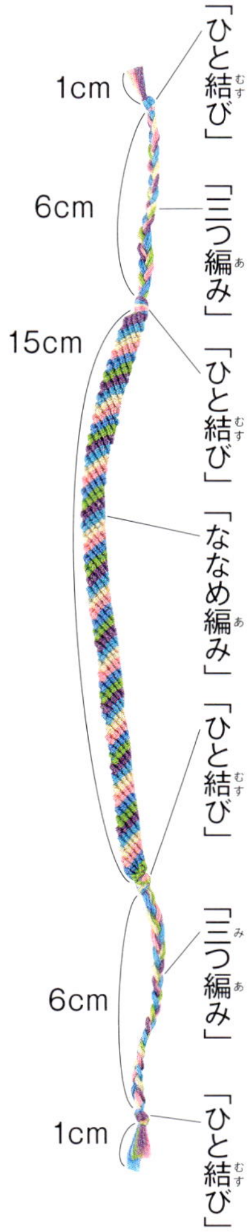

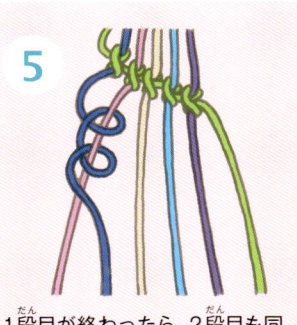

5
1段目が終わったら、2段目も同じように編んでいく。

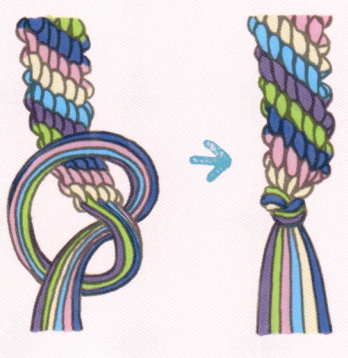

5 「ななめ編み」を15cm編んだら、最後に6色まとめて「ひと結び」する。

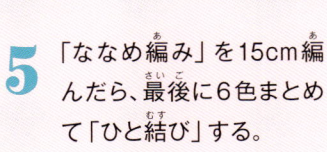

6 2と同じように「三つ編み」を6cm編む。

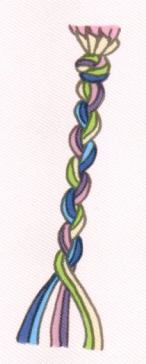

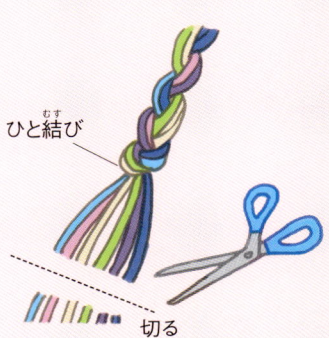

7 最後に6色まとめて「ひと結び」して、はしを1cm残して切る。

C・D ねじり結びのミサンガ

材料 できあがりサイズ：18cm

- **C** 1 ししゅう糸（むらさきのグラデーション）
  - 結び用 1m60cm 1本
  - じく糸用 55cm 2本
  - 2 かざりボタン（直径1.2cm）
- **D** 1 ししゅう糸（黄）結び用 1m60cm 1本
  - じく糸用 55cm 2本
  - 2 かざりボタン（直径1.2cm）

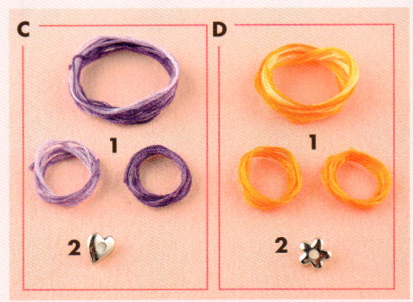

道具 チャコペン　はさみ　ものさし　セロハンテープ

「三つ編み」「ひと結び」「左ねじり結び」「ひと結び」「ひと結び」

1 3本のししゅう糸の真ん中に、チャコペンで印をつける。

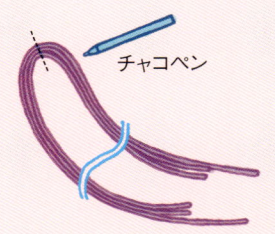

2 印から1.5cm上をセロハンテープで留めて、「三つ編み」（P.32）を3cm編む。

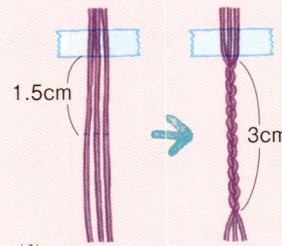

3 三つ編み部分を二つ折りにして、「ひと結び」（P.32）をする。

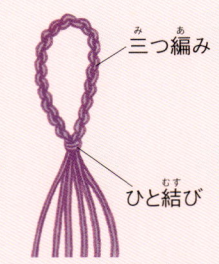

4 結び用の糸2本が両はしになるように整え、机にセロハンテープで固定する。

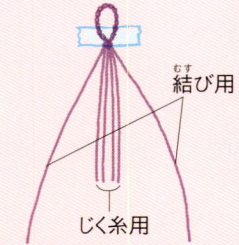

5 6本の糸の中央の4本をじく糸にして、図のように「左ねじり結び」を15cm編む。

1　左の糸（★）をじく糸の上を通し、右の糸（●）の下にくぐらせる。

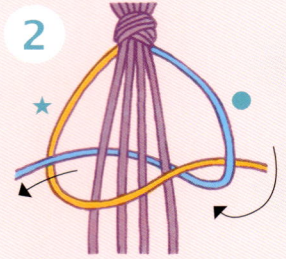

2　●の糸を★と4本のじく糸の下を通らせ、左側にできた★の輪の中を通す。

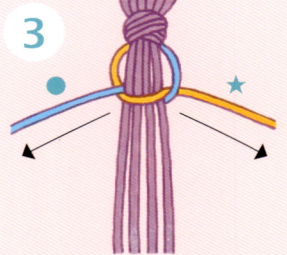

3　結び目を上に移動して引きしめる。

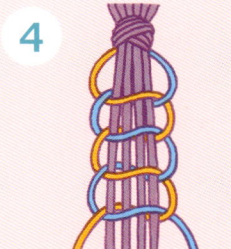

4　①～③をくり返す。
※編んでいるうちに、自然にねじれていきます。

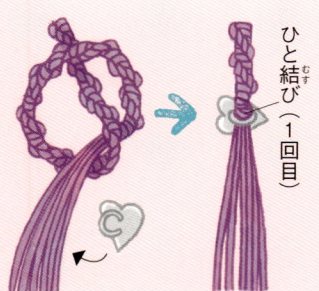

6 6本まとめて「ひと結び」し、ボタンを通す。

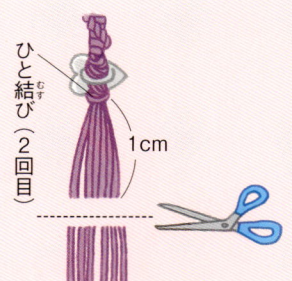

7 もう一度「ひと結び」し、ボタンの位置を固定する。はしを1cm残して切る。

難易度 ★〜★★

お出かけブレスレット＆ネックレス

お呼ばれの席などで、いつもの洋服におしゃれをしたいとき、アクセサリーでアクセントをつけてみてはいかがでしょう。ビーズを糸に通してできるタイプは、初心者でも簡単につくることができます。

A

C

B

A カラフル5連ブレスレット

材料 できあがりサイズ：16cm

1. 丸大ビーズ（直径3mm／ピンク、うすむらさき、むらさき、金、水色）各80個
2. プラスチックパール（直径6mm）6個
3. ビーズ用とう明ゴム（太さ0.5mm） 1m20cm
4. テグス（3号） 12cm

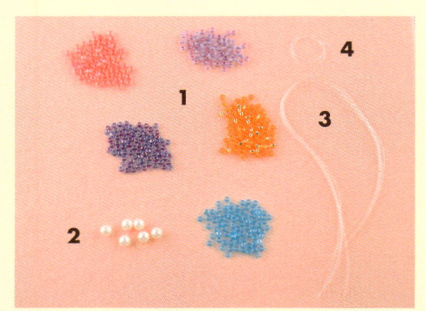

道具
はさみ　ものさし　セロハンテープ
接着ざい　つまようじ

1 ビーズ用とう明ゴムを24cmずつに切る（5本できる）。

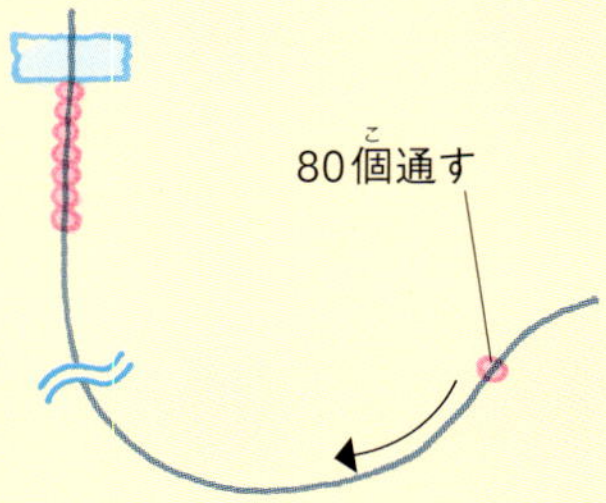

2 とう明ゴム1本を机にセロハンテープで留め、ピンクの丸大ビーズを80個通す。

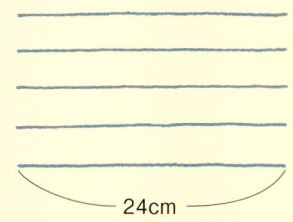

3 セロハンテープを外し、両はしから4cmのところで、2本まとめて「8の字結び」をする。

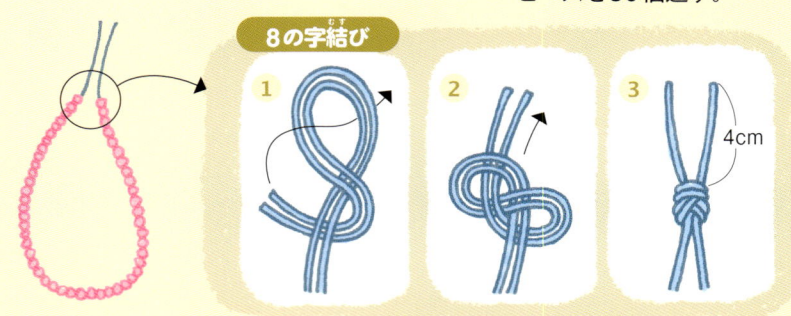

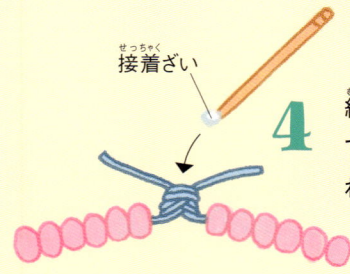

4 結び目に、つまようじで接着ざいをつけ、かわかして、固定する。

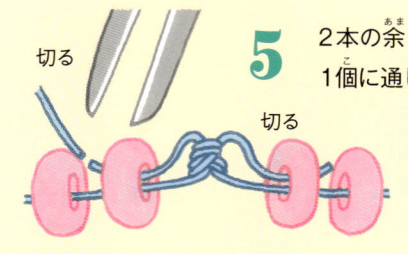

5 2本の余ったゴムをそれぞれビーズ1個に通し、残りをはさみで切る。

6 残り4本も1～5と同じようにする。

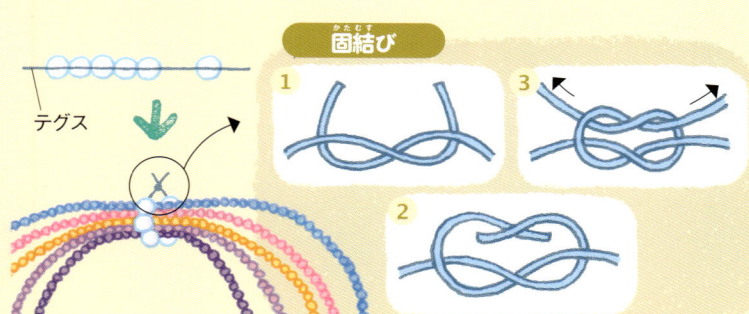

7 テグスに6mmのプラスチックパールを6個通し、5本のビーズの輪をまとめ、「固結び」をする。

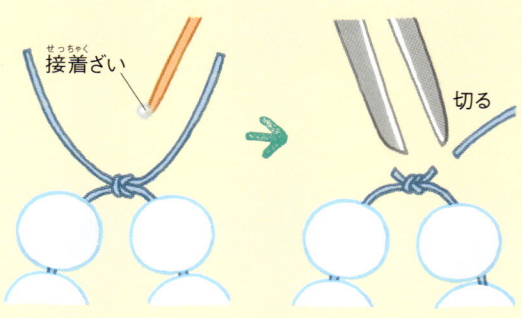

8 7のテグスの結び目につまようじで接着ざいをつけ、かわかす。結び目からとび出たテグスを切る。

B ビーズとリボンのネックレス

材料 できあがりサイズ：約83cm（リボンを結ぶと約60cm）

1	ビーズ（直径4mm／水色）	45個
2	ビーズ（直径4mm／ピンク）	35個
3	プラスチックパール（直径8mm）	40個
4	テグス	77cm
5	リボン（はば6mm／水色）	48cm

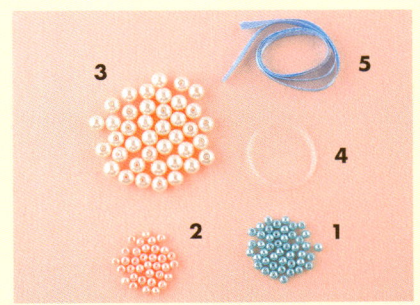

道具 はさみ　ものさし　セロハンテープ

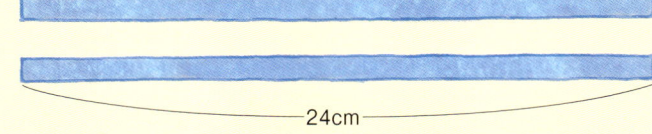

24cm

1 リボンを半分（24cmずつ）に切る。

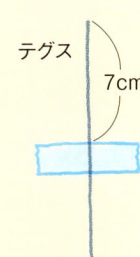

2 テグスのはしから7cmのところをセロハンテープで机に固定する。

3 テグスに、水色の4mmビーズ9個、ピンクの4mmビーズ7個、プラスチックパール8個を順に通す。これを5回くり返す。

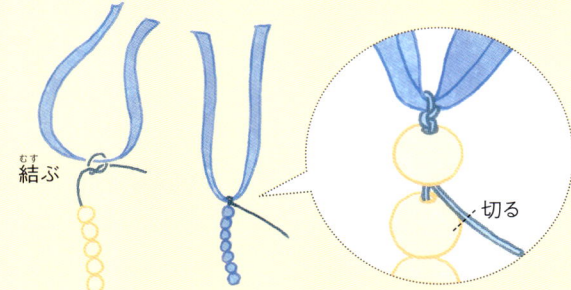

4 ビーズをすべて通したら、テグスをリボン1本の真ん中に結ぶ。テグスのもう片方のはしも、同じようにもう1本のリボンの真ん中に結ぶ。余ったテグスは、はしのプラスチックパール1個に通して切る。

5 2本のリボンをまとめて、ちょうちょ結びにする。

作業のポイント

ビーズが転がらないように、下にフェルトをしいておくと作業がしやすくなります。

たくさんの種類のビーズを使うときは、混ざらないように、絵の具のパレットなどにビーズを入れると便利です。

C リボンモチーフのネックレス

材料 できあがりサイズ（リボン部分）：1.7cm×4.2cm

1. 丸大ビーズ（直径3mm／赤）　147個
2. プラスチックパール（直径7mm）　1個
3. ワイヤー（太さ0.24mm／金）　1m10cm
   （リボン本体用60cm、帯用50cm）
4. ネックレスチェーン（45cm）

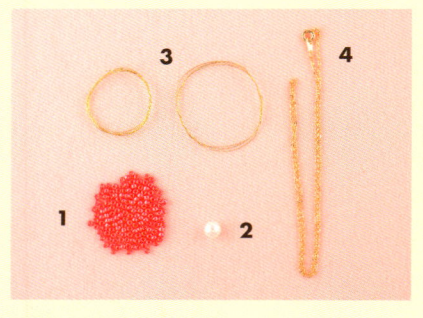

道具
ニッパー（またははさみ）

リボン本体をつくる

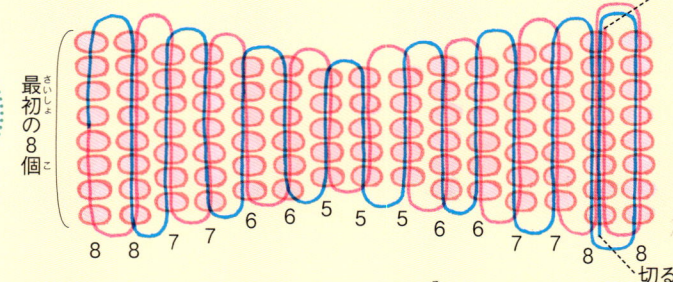

1 本体用のワイヤーの中央に丸大ビーズを8個通す。図のように、ワイヤーの両はしを、8の字をかくように交差させながらビーズに通していく（15段、丸大ビーズ99個使用）。各段で通すビーズの数がかわるので注意する。通し終えたら、最後は1段分もどって、ワイヤーを通す。余ったワイヤーを切る。

帯をつくる

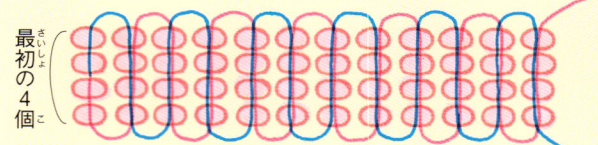

2 帯用のワイヤーの中央に丸大ビーズを4個通す。図のように、ワイヤーの両はしを、8の字をかくように交差させながら、4個ずつ通していく（12段、丸大ビーズ48個使用）。

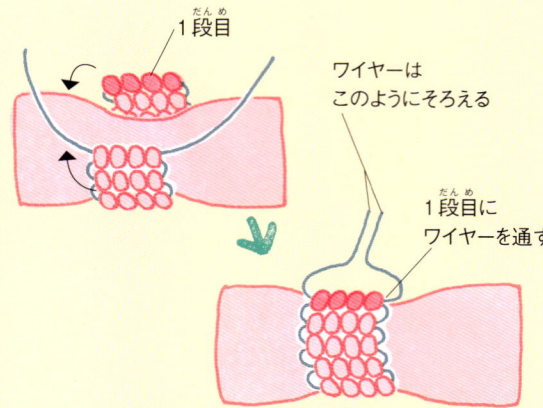

3 1のリボン本体の中央に2の帯を巻き、帯の余りのワイヤーの両はしを帯の1段目に通し、つなげる。

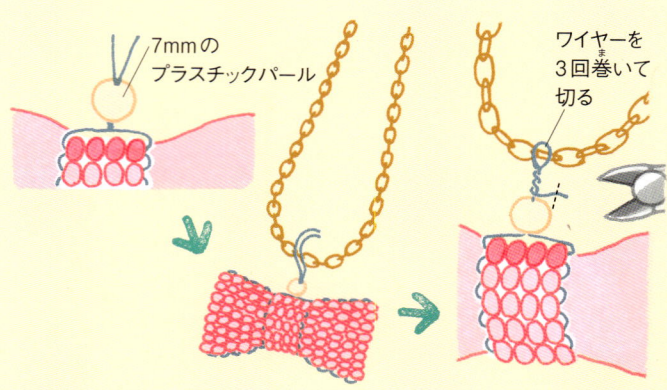

4 3の帯の余りのワイヤー2本を7mmのプラスチックパールに通す。ネックレスチェーンの中央にワイヤーをかける。プラスチックパールの上で3回巻いて、余ったワイヤーを切る。

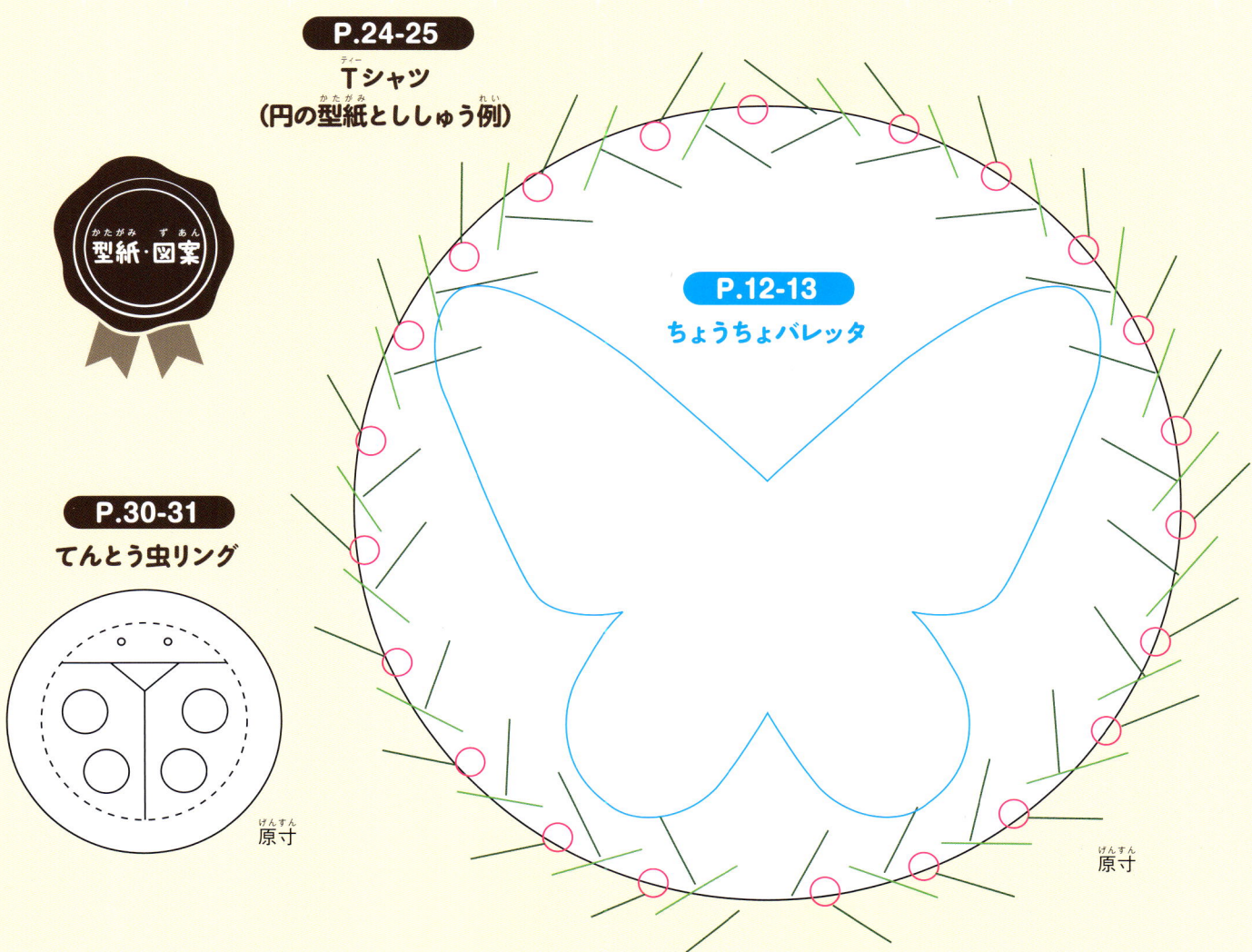

グルーガンを使おう！

手芸では、かざりつけによく接着ざいを使います。ここでは、グルーガンの仕組みと、使い方をしょうかいします。

グルーガンってどんなもの？

グルーガンは、鉄ぼうのような形をしていて、「グルースティック」という、スティック状ののりを入れて使います。電源を入れると、グルースティックの先たんが熱でとけます。そして、とけたものが冷えてかたまることで接着ができます。

グルーガンのよい点

ほかの接着ざいに比べて、接着できるまでの時間が短く、いろいろな素材のものを接着できます。

ここから出る
グルースティック

注意点

- 高温になるため、やけどに注意をしましょう。
- アイロンと同じように、使い終わったら、すぐに電源を切っておきましょう。

使い方

1 グルースティックをさして、予熱する（5分ほど）。

2 接着したいものにつける。

3 とけたグルースティックがかたまるまで、数十秒待つ。

手芸作家

emico（P.20-21）

太田有紀（NICO）（P.22-23）

神尾茉利（P.10-11、P.14-19、P.24-27）

朱美礼（P.12-13、P.28-31）

堀澤奈津子（P.32-38）

STAFF

- 撮影 ● 向村春樹（WILL）
- スタイリング ● 石井あすか
- アートディレクション ● 大薮胤美（phrase）
- デザイン ● 鈴木真弓（phrase）
- イラスト ● 工藤亜沙子（前見返し、P.10-39）
  - ● ナシエ（P.5-9）
- 編集 ● 井上幸、小菅由美子、滝沢奈美（WILL）
- DTP ● 鈴木由紀（WILL）
- 校正 ● 村井みちよ
- ヘアメイク ● 山田ナオミ
- モデル ● 相原鈴夏、門出愛海（セントラル子供タレント）

衣装協力 ● P.10-11 A Bともにニット（メゾ ピアノ）、P.20 ドットのTシャツ（メゾ ピアノ）・デニム（ポンポネット）、P.22 カットソー（メゾ ピアノ）、P.24 キュロット（メゾ ピアノ）、P.30 ワンピース（メゾ ピアノ）／すべて ナルミヤ・インターナショナル

参考文献

- 『新しい家庭 5・6』東京書籍
- 『小学校 わたしたちの家庭科 5・6』開隆堂
- 『いちばん縫いやすい「おさいほう」の基本』PHP研究所
- 『さいほうの基本』角川SSマガジンズ
- 『はじめてのおさいほうBOOK』成美堂出版
- 『はじめての「ぬう」と「あむ」』主婦の友社

編著／WILL こども知育研究所

幼児・児童向けの知育教材・書籍の企画・開発・編集を行う。2002年よりアフガニスタン難民の教育支援活動に参加、2011年3月11日の東日本大震災後は、被災保育所の支援活動を継続的に行っている。主な編著に『レインボーことば絵じてん』、『絵で見てわかる はじめての古典』全10巻、『せんそうって なんだったの？ 第2期』全12巻（いずれも学研）、『はじめよう！ 楽しい食育』全7巻、『学校放送・学級新聞おもしろアイデアシリーズ』全6巻、『見たい 聞きたい 恥ずかしくない！ 性の本』全5巻、『おもしろ漢字塾』全4巻（いずれも金の星社）など。

かんたん！ かわいい！
手づくり デコ＆手芸
ファッション＆アクセサリー

初版発行／2014年2月

編著／WILL こども知育研究所

発行所／株式会社金の星社
〒111-0056　東京都台東区小島1-4-3
TEL 03-3861-1861（代表）
FAX 03-3861-1507
ホームページ http://www.kinnohoshi.co.jp
振替 00100-0-64678

印刷／広研印刷株式会社　製本／東京美術紙工

● 乱丁・落丁本は、ご面倒ですが小社販売部宛にご送付ください。送料小社負担にてお取替えいたします。
ⓒ WILL, 2014
Published by KIN-NO-HOSHI SHA, Tokyo, Japan
NDC 594　40ページ　27cm　ISBN978-4-323-05781-1

JCOPY （社）出版者著作権管理機構 委託出版物

本書の無断複写は著作権法上での例外を除き禁じられています。複写される場合は、そのつど事前に（社）出版者著作権管理機構（電話 03-3513-6969、FAX 03-3513-6979、e-mail: info@jcopy.or.jp）の許諾を得てください。

※本書を代行業者等の第三者に依頼してスキャンやデジタル化することは、たとえ個人や家庭内での利用でも著作権法違反です。

かんたん！かわいい！手づくりデコ&手芸

シリーズ全5巻　小学校中学年〜中学生向き
A4変型判　40ページ　図書館用堅牢製本　NDC594（手芸）

かわいいバッグやアクセサリーを手づくりしたり、自分の持ち物をデコレーションしたりして、楽しんでみませんか。簡単なものから大作まで、はば広い難易度のものを紹介しています。手づくりしながらセンスアップできる、おしゃれなアイテムがいっぱいのシリーズです！

「ファッション&アクセサリー」

たばねた髪をかざる「おとめチックシュシュ」やデコが楽しい「アリスの大きなカチューシャ」などのヘアアクセサリーのほか、「お花のリースTシャツ」、「スキップしたくなるうわばき」など、心おどるファッションアイテムがいっぱい！

「バッグ&おしゃれ小物」

毎日使いたい「ルンルン気分になるさわやかエコバッグ」や「キュートな白ねこのレッスンバッグ」、携帯電話に個性をそえる「キラキラビーズのおめかしストラップ」など、とっておきのバッグや小物を集めました！

「インテリア小物」

かべをかざる「ポンポンと羽根のふわふわリース」や「お部屋デコが楽しめることりのつるしかざり」、着なくなったセーターでつくる「北欧気分のぬくぬくタペストリー」など、インテリアをセンスアップする小物を紹介します。

「プレゼント」

かわいくて実用的な「すっぽりかぶせるフェルトキーカバー」や「赤×白のハッピーペットボトルホルダー」のほか、「ぷっくりほっぺのリスのしおり」、「願いをかなえるラッキーおまもり」など、大切な人におくりたいアイテムが満載です。

「編み物&もこもこ小物」

道具はいらない！指編みでつくる「ポンポンつきあったかミニマフラー」や「ふわふわヘアバンド」、羊毛フェルトでつくる、「スイートカップケーキ」や「チェリーのミニポシェット」など、心温まる、ふわふわもこもこの小物をたくさん集めました。